EARLY CHILDHOOD EDUCATION AND CARE

ちょっとした
言葉かけで変わる

保護者支援の新ルール

10の原則

著／大豆生田 啓友

はじめに――保育のプロはココが違う

「今日もお友だちをたたいてしまったんです」――。ある園に子どもを通わせていたお母さんは、迎えにいくたびに、我が子がお友だちに手を出してしまったことを保育者に知らされて、とても悩んでいました。そのいらだちを、子どもにぶつけてしまうことも多かったのだそうです。

ところが担当の先生が代わると、お母さんのそんないらだちが軽くなっていき、次第に子どもも変わっていきました。さて何が、そうさせたのでしょうか。

この園では、子ども同士のトラブルは双方の保護者に報告する方針でしたから、前の担当者は、**ただ単に「たたいてしまった」という事実だけを伝えていました。**一方、新しい担当保育者は、たたいてしまったときの状況を、そのとき**手を出さざるをえなかった子どもの思いも含めて伝えてくれていた**のです。さらに、「お子さんのトラブルが多いと、とてもご心配だと思いますが、○○ちゃんを責めたりせずに、ていねいにかかわっていけば、きっと変わっていくと思います。一緒にがんばりましょう」と励ましてくれたのだと言います。

ただ単に事実だけ伝えるのなら「プロ」でなくてもできるでしょう。でも、プロはまず**「子ども理解のプロ」**でなくてはなりません。さらに**「保護者の子育てを支えるプロ」**でなくてはなりません。新しい担当の先生は、子どもが手を出してしまったときの気持ちも含めて状況説明をして、保護者が元気になれる言葉や、子育てのパートナーとしての姿勢を伝えています。ステキですね。

実はこの先生、とても若い保育者なのです。**経験が浅くても保護者支援で大切なことが何かをしっかりとわかっていれば、プロ**としてこれほどステキな対応ができるということを確信した出来事でした。

大豆生田 啓友
広庭 めいこ
Omameuda Hirotomo
Hiroba Meiko

明るく、運動神経バツグンの2年目保育者。目下、あがり症と保護者とのかかわりが悩みのタネ。

玉川大学教育学部教授。幼稚園教諭を経て、現在は保育者養成、現役保育者のリカレント教育などで保育現場を支援している。ほかに、テレビ・ラジオ出演や講演活動など、子育て中のママ・パパなども幅広くサポートしている。

登場人物

プロだから知っておきたい10の原則

そこで本書では、プロの保育者として、保護者対応に迷ったときの道しるべとなる「10の原則」を提案したいと思います。

これまでの保護者支援は、ともするとアドバイスを伝え「指導」することが「支援」だと思われることもありました。実は私もかつて、**保護者に正しい知識を伝えることを大事にしていた**のです。

しかし、その考えが大きく変わる出来事がありました。それは、テレビの子育て番組に出演したときのことです。

ある回で、保護者からのお悩みに、「こういうときは、こうすればいいんですよ」とお話ししたら、その母親から「**そういう教科書的なことはわかっているんです**。でも、それがうまくいっていないから困っているんです」と言われたのです。ショックでした。しかし、それ以上に、**わかったようなことを専門家から言われた母親のほうが、もっとつらかったと思います。**何の解決にもならないうえに、うまくいかない毎日の子育てにダメ出しをされたようにも思ったことでしょう。私は何て罪つくりなことをしたのかと思わされました。もしかすると、親からの子育て相談に対し、私はいつも相手の気持ちとは関係なく、正しいことだけを伝えようとしていたのではないかと反省させられる出来事でした。

この経験が、本書のタイトル**「保護者支援の新ルール」**となりました。そして、**この新ルールを具体化したものが「10の原則」**です。保護者対応に困ったときは、これらの原則を道しるべにして、考えてみてください。それを、どのように現実の問題に応用していくかを、これから本書でご紹介していきます。

10の原則

1 自己決定の支援
答えを出すより
大切なコト それは……
一緒に考えるコト

2 保護者理解
気持ちにもライフスタイルにも心を寄せていますか?

3 守秘義務
個人情報への配慮は
ゼッタイ!

4 信頼関係の構築
保護者も元気になれる言葉をかけていますか?

5 子ども理解
語っていますか?
子どもの行為の意味を

6 受容と共感
自分とは違う考えも
まずは受け止めて……

7 情報発信
どんなに言葉を尽くすより子どもの姿の「見える化」がポイント

8 つながりサポート
子育ての仲間が広がる
しかけをつくろう!

9 同僚性
抱え込むより
みんなで考えたほうが
うまくいくはず

10 関係機関との連携
上手な外部との橋渡しも問題解決への近道です

CONTENTS

れんらく帳
キーッ
キーッ
イライラ〜
おたより
ね♪
れんらくちょう
ぼくもがんばろ
せんせー
ママ…
やってー着せてー
カンドー
ほっこり

怒ってる!?
れんらく帳

ピシャ
しつけですから

PART 1

日々の会話がラクになる
信頼づくりのキソ

見方を変えればうまくいく

CASE 1　なぜか苦手なあの保護者

保護者だってすごく不安です

保育者の側が「とっつきにくい」と感じる保護者ほど、「不安」をかかえている人だと考えてみてください。

「この先生でだいじょうぶかしら?」「うちの子はほかの子と同じようにできるかしら?」なんて、様々な不安があるから、たくさんの質問を投げかけてきたり、要求が多くなっているのかもしれません。

人はつい自分の価値観で物事を見て、苦手意識をもったり、イライラしたりしてしまいます。でも、保育者のほうが保護者に対する受け止め方を変えて、「誰だってみんな、悩みながら子育てをしているんだな」という心もちで接することから始めてみませんか。そうすると、少し気持ちがラクになります。

タイプ別・コミュニケーションのコツ

人間誰しも付き合いづらい人はいるもの。
しかし、それも保護者の不安の表れと考えれば、
プロとしての対応の仕方を知らなければなりませんね。
保育者が心がけたい日常の接し方のポイントを
保護者のタイプ別にまとめました。

TYPE A

変化に弱い

**口癖は、「去年はこうでしたけど……」。
想定外のことがあるとイライラしてしまう人**

接し方のヒント

変更の理由をメリットとともに説明

例えば、例年と少しでも違うことがあると、苦情めいたことを言ってくる人です。まずは「昨年はこうでしたよね」などと、保護者の言い分をきちんと受け止めることが大切です。その上で、「今年はこういった理由で、このようにしました」と、変更の理由を説明することがポイント。同時にメリットも伝えられるといいですね。あなたのせいでなくても、「昨年と変更になり、ご心配をおかけしてすみません。何かありましたら、おっしゃってください」と言葉を添えられると、保護者も自分の思いを理解してもらえたと安心できるのではないでしょうか。

TYPE B

話しかけないでオーラがある

いつも不機嫌そう。だけど、
たまにこちらをチラリと見ている気配も感じる

接し方のヒント

ムシされても めげずに 声をかけてみて！

実は誰かが声をかけてくれるのを待っているため、常に不機嫌そうに見えてしまっていることが多いので、ここは勇気を出して、先生のほうから声をかけてみてください。「今日、○○ちゃん、お昼ごはんをこんなにたくさん食べたんですよ。おうちではどうですか？」などと、保育中の子どもの様子を話題にしてみてはどうでしょうか?!

心が通じると、とても話題が豊富で感性の豊かな人が多いのもこのタイプです。逆に放置しておくと、どこかで爆発する心配もあります。はじめは一度や二度、ムシされることがあってもめげないで！　チャレンジするつもりで笑顔で声をかけてみてください。

TYPE C

なにかと確認しないと気が済まない

「どちらでもいいよ」
と言いたくなるほど、聞いてくる人

接し方のヒント

最後に「確認になりました！」とニッコリ

とにかく確認をしなければ気が済まない方はいますね。絶対に間違えたくない人なので、一つひとつ面倒くさがらずによく話を聞いてあげてください。そして最後に「ありがとうございました。聞いてくださったのでこちらも確認ができました！」と言える度量が人間関係を円滑にします。

まだ信頼関係ができていないうちから、保護者同士で解決してもらおうとして、「そのことなら○○ちゃんのお母さんが詳しいですよ」と振ってしまうのはおすすめできません。まずは保育者が手厚くかかわるようにしてください。

TYPE D

ちょっと変わった要望をする

確固たる自分の理想を曲げず、園のやり方は受け入れがたい様子

接し方のヒント

なぜ？要望の理由をていねいに聞く

「それは対応できません」と言ってしまう前に、必ずそう要望される理由を聞いてみてください。「車のおもちゃで、何か困ったことがありました？」などと、ていねいに聞いていくと「家でこういうことに困っていて……」といった、保護者の真意が見えてきます。要望の背後にある理由がわかると、「じゃあこうしますか？」と園で協力できることも見えてくると思います。ていねいに聞いてもらったということで、満足してくださることもあります。

TYPE E

保育者だって傷つきます！ 失礼なことを言ってくる

フレンドリーに接してくれているのかもしれないけれど……

接し方のヒント

受け流すが一番！

笑ってスルーする訓練だと思いましょう（笑）。そんなこと言わないでくださいとも言いづらいですし……。

不愉快なことであれば真に受けずに、受け流すか、「結婚!? いい人がいっぱいいすぎて困っているんです」くらいに適当に切り返すかですね。

TYPE F

THE 同業者

保育者・小学校の先生など

接し方のヒント

初めから一目おいて味方につける

「未熟だと思われるのではないか?」と心配になる気持ちはよくわかります。これはもう、初めから一目おいて味方についてもらうという手段がよいのではないでしょうか。

「よくご存知のように」などの枕詞を上手に使って、「教えてください」とまでは言わないけれど、「何かあったら、ぜひ協力してください」と日常的に伝えておくとよいのではないでしょうか。敵にまわすと手ごわい相手ですが、よい関係をつくっておくととても頼りになる存在なので、自尊心をくすぐりながら、タッグ体制の構築を意識してみては!?

はじめは仲よくなることを目標に

ときに、奇妙な質問や想定外の態度をとられてしまうと、なんだか付き合いづらい保護者……と感じてしまうこともあります。しかしそれも、保護者の不安な気持ちの表れかもしれません。はじめは《仲よくなる》ことを目標に、ていねいに話を聞いて、受け止めることを意識してみると、関係構築に役立つと思います。

保護者の不安解消のコツ

＼毎日コツコツ／

ポジティブな姿を伝えよう

CASE 2　なぜうちの子だけ!?　食が細いコトが心配

みんなと同じようにできない不安

「我が子がみんなと同じようにできているか?」ということは、保護者の大きな心配事です。マンガに出てくるようなふだんからおとなしめで食の細い子の保護者などは、特に心配なことが多いかもしれません。そんな保護者の気持ちに共感しつつ、園であったポジティブなエピソードを伝えるようにすることで、安心感は少しずつ積み上がっていきます。「不安」はやがて「不信」につながりますから、毎日、少しずつでもポジティブな姿を探し伝えていくことが大切です。

伝え方例

食が細いと心配になりますよね。たくさん食べる子、ゆっくりな子などいろいろですし、日によっても違いますからあまり気になさらないでくださいね。マリちゃんの場合は「食べる」ことよりも「作るほう」がお得意かな。今日のクッキー作りでは「上手にできたからママにも作ってあげたい」と言っていたんですよ。

CASE 3　わが子だけ　ポツン……

ある日のエピソード……

「Aちゃんは絵本を読んでもらっていて
Bちゃんは積み木で遊んでいて……。
でも、ゆうちゃんはまたラックで寝かされていたよ」
先にお迎えにきた保護者が、何気なくママ友のLINEグループに送ったメッセージから、ゆうちゃんママの心配は大きく膨らんでしまって……。
ゆうちゃんは全身のアトピー性皮膚炎で、個別の配慮をしていたのですが、「我が子だけ一人」のイメージが保護者の不安をかきたててしまったよう。連絡帳にも心配の言葉がつづられてきました。

家庭から

うちの子はいつもラックに寝ていて、みんなと遊べていないのでしょうか? お迎えに行くときはだいたいラックの上にいることが多く、ほかのママさんからも「さびしそうだった」と言われてしまい、少し気になりました。

園から

夕方になると体温が上がるせいか、床で過ごしていると背中をかゆそうにしていることがよくあります。そこで、保冷剤を置いてタオルを敷いたベビーラックの上で過ごすと機嫌がよいことを発見したので座らせていましたが、（現状）

一人でいると寂しそうに見えてしまいますね。ご心配おかけしました。（共感）

ラックに座っていても、一緒にうたったり、声をかけて夕方の時間をすごしています。最近はニコッとして、指さしをすることが増えて、何かお話をしてくれているようです。（ポジティブエピソード）

接し方のヒント

共感とポジティブエピソードを忘れずに！

我が子がだけ一人でポツンとしていたと聞けば、不安になるのは当然です。基本は現状を伝えることですが、それだけでは、言い訳だけを押しつけているように響きます。ですから、保護者の不安への共感を示すことと、その不安を少しずつ打ち消していけるような、ポジティブなエピソードを伝えること。例えば、ゆうちゃんのママの心配は、「一人でポツンとしていること」ですから、決して一人ではなく、保育者と楽しんでいる姿を強調して伝えられるといいですね。

今後の見通しを伝えるのもプロの技

保護者は入園すればすぐにお友だちができるものと思いがちですが、子どもは一人で遊んでいたい時期だってあります。そんな現状に不安を訴えてこられたら、「今はこういう現状でも、今後、こうなっていくと思うので、もう少し見守っていてください」ということを、子どもの実際のエピソードを通して伝えます。例えば……。

「今は一人でじっくりとお絵描きすることに興味をもっていますが、よく近くにいる○○ちゃんの遊びにも視線がいっているようです。お互いに気になっているようなので、どこかでかかわりをつくるチャンスをうかがっているところです。楽しみにお待ちください！」

「かわいい」と思った姿を素直に伝える

成長の見通しを語るのは、案外むずかしいものですが、経験が浅いからといって遠慮がちに保護者とやりとりすると、かえって印象の悪い人に見えてしまいます。笑顔で一生懸命、かわいいと思った姿を素直に伝えられる保育者こそ好感がもたれます。全員と毎日、話すのはむずかしいので、ちょっとした立ち話でも充分です！　ただし、初めからクラス全員のエピソードを語ることもむずかしいので、メモ程度でも「記録」をつけることをおすすめします。

イヤイヤにヘトヘトのママへ

嵐が過ぎ去る見通しを伝える

CASE 4　怒鳴ってしまって　落ち込んで

子どもも親もつらい時期

2歳くらいのイヤイヤ期の子どもの心のなかは、「こんなふうにしたい」とか、「自分はこんなにできるんだ!」という自我が芽生えつつあります。でも実際は、うまくいかないことが多く、失敗すれば、プライドが傷つけられて、なんでも「イヤ!」となってしまう。親にとっても、子どもにとってもつらい時期です。

子育て経験のない先生であっても、「ずっと笑顔でいられないのは、当たり前」「子育てに正解はない」ということを、ご自分の保育経験から伝えられたらいいですね。

伝え方例

連絡帳を拝見して、涙が出そうになりました。親も人間ですから、感情的になることもありますよね。でも、そうしたときに、お母さまのように反省されて、関係を修復しようとされたということが大事なのだと思います。きっとみなさんそうして行きつ戻りつしながら、子育てをされていることと思います。ふみやくんもお兄ちゃんも、手がかかる時期ですから大変ですよね。ともにがんばりましょう。

CASE 5　甘やかしすぎでしょうか!?

ある日のエピソード……

以下は、イヤイヤ期まっ盛りのさやかちゃんのママから連絡帳で寄せられたご相談です。

家庭から

近ごろ、自分でやれることもやるのがイヤなのか、「着せて〜」「食べさせて〜」のオンパレードです。昨日も「自分でできるでしょ」と言って放置していたら、30分ほど同じテンションで泣き続けるので、こちらも疲れて、結局やってあげてしまいました。このところ、わがままが過ぎているような気がします。家でこんなに甘やかしていて、園でもご迷惑をかけていませんか。

園から

園でも「やって〜」は時々ありますが、そんなに頻繁ではありません。今日は昼食前にトイレに行くのがイヤで、「先生、大嫌い!」と言っていましたが、少しして「一緒に行ってみようか?」と誘ってみると、すんなりトイレに行って「おしっこ出たよ」とにっこり。

→ 園でがんばっている姿

今しばらくは、ある程度やってあげてもできない子になったりはしないと思うので、「これはやってあげるから、こっちは自分でやってみて」と交渉しながら、おつき合いしています。

→ 対応のヒント

接し方のヒント

誰だって ずっと冷静でなんか いられない

子どもが先週までは自分でやっていたことでも、突然「イヤ、やらない」と言い出すなんてことも、イヤイヤ期にはよくあることですね。保護者からすれば、「どんどんエスカレートするのでは?」とか、「きちんとしつけなければ」と不安になることもあるでしょう。

子どもは自分が満足すれば、気持ちが切り替わるケースも多いのですが、いつも子どもの要求につき合うのは限界があります。だって、子育てをしている保護者にだって、子どもと向き合う以外に、毎日やらなければならないことがたくさんあるのですから。多くの保護者が理屈ではわかっていても怒ってしまい、自己嫌悪のくり返しなのだと思います。

園ではできている姿を伝える

でも、ずっと「イヤイヤ期」の子どもはいません。今はわがままを受け入れてもだいじょうぶであることを伝えるだけでも、保護者は少しホッとした気持ちになれます。

実際、ママの前では「イヤイヤ」「やって！」というようなことであっても、園では意外とほかの子どもの真似をして、自分でできていたりするものではないでしょうか？ そんな「園ではがんばっている姿」を伝えることも、保護者の安心材料になると思います。

見通しを伝えて “嵐が通り過ぎるのを待つ”

保育者としては、もうこれは「嵐が通り過ぎるのを待つ」くらいの気持ちで構えることの必要性を伝えるしかないのですが……。今がつらくて悩んでいる保護者には、少しでも心穏やかに子育てができる、具体的な方法を示すことができるとよいと思います。

例えば、園でやってみてうまくいった方法を伝えるというやり方もあります。ただし、同じことをやってみても園と家庭では違うことも当然あります。「先生がやるとうまくいくのに、どうして私がやるとダメなの？」と、保護者が思い詰めてしまわないように、相手のタイプをよく見て対応することを忘れずに。

| column 1 |

関係づくり

日常的な声かけがうれしくて

保護者支援でもっとも重要なことは関係づくりです。保護者から信頼が得られれば、クラス運営もとてもうまくいきます。そのコツは何でしょうか？　それは日常的な、ちょっとした声かけです。「今日はゆうちゃん、とても真剣にお山のトンネルを掘っていたんですよ」など、ちょっとした声かけが、親にとってはとてもうれしく感じるものです。我が子をていねいに見てもらえていると感じます。

さらに、「お母さんもお忙しいのに、〇〇していただいて、ありがとうございます」と、親に対しての気づかいもあると、親自身が元気づけられます。こうしたちょっとした声かけをするところから保護者との良好な関係づくりを始めてみませんか。

PART 2

トラブルをチャンスに変える伝え方

ケガの報告

園で起きたことは園の責任

CASE 6 かみつき・ひっかきに大激怒！

そんなときこそ、ふだんの真価が問われます

実はケガをしたときこそ、ふだんの保護者対応の真価が問われます。ふだんから手厚くかかわっていれば、保護者だって言葉にはしないまでも根底に感謝の気持ちがあるので、大きなクレームにならないものです。

逆に、「お子さま」「お母さま」とサービスを提供するかのように、ただお預かりしているだけの園では、保護者の要求がエスカレートして「どんな小さなケガも絶対に許さない」となりがちです。

基本は保護者と園が一緒に子どもを育てるスタンスに。それは、マニュアルをどんなに整えてもできるものではありません。でも一方で、ネガティブ情報を伝えるときに、最低限のルールをふまえることが人間関係のベースづくりには欠かせません。

ケガの報告

ルール1

原則は口頭で

謝罪＋状況説明＋今後の対策が基本です

ケガの対応については、園の方針によってさまざまですが、私は、園で起こったことであれば、「園の責任」が基本だと思います。ですからまずは、謝罪して状況説明し、今後の対策を誠意をもって伝えていくことが大切なのではないでしょうか。

どんな小さなケガであっても書いてではなく、口頭で状況を伝えます。状況説明の基本は「いつ」「どこで」起こって、「どんな処置をしたのか」をていねいに伝えること。保護者のお迎えが遅い場合は、延長保育担当者への引き継ぎを忘れずに。

ママとパパで迎えを分担している場合は、どちらにもひとこと報告することなどでも手厚さの熱量が伝わります。

ケガの報告

ルール2

書いて伝えることは“保護者が求めていること”に絞って

謝罪なのか、再発防止策なのか、原因究明なのか？

園から

いろいろとご心配おかけして申し訳ありません。今後こういうことが起こらないように、職員全員で話し合ったうえで、ハルトくんには特に目を向けていきたいと思います。

「園の責任と言ったって、かみつき・ひっかきを100％防ぐのは無理」というめいこ先生の声が聞こえてきそうですが、「無理」という事実を連絡帳などに書くことは、慎重に考えたほうがよいかもしれません。

書いて伝える連絡帳では、謝罪なのか、再発防止策なのか、それとも原因究明なのか……、保護者が求めているコトに絞って、簡潔に伝えることが基本です。

一方で、詳しい状況説明はやはり口頭で伝えるというように区別することが必要です。

ケガの報告

ルール 3

どんな小さなケガも 軽く扱わない

手厚さが信頼の第一歩

ママ's VOICE

小さなキズもきちんと手当してくれると大切にしてくれているんだなって思います

ママ's VOICE

女の子のケガ「私は気にしないけど」パパは家でブツブツ言ってます

親にとっては大切な我が子の一大事です。小さなキズでも手厚く対応し、ていねいに事実関係を伝えていく積み重ねが、今後の信頼につながっていきます。今の時代は手厚すぎるくらいに対処するほうがいいかもしれません。

病院を受診する目安

首から上のケガ

特に頭・顔・目などのケガは、病院に連れていってほしいという保護者もいます。「念のため病院に連れていったのですが、何ごともありませんでした」と伝えられるくらいのほうが、手厚さが伝わります。

ケガの報告

ルール 4

気がついたけれど 一歩及ばず…… これが、謝り方のツボ

「気がつかなくて」は 不信感につながります

ケガの報告の基本は「謝罪＋状況説明＋今後の対策」の流れですが、気をつけたいのは、謝るときの「気がつかなくて、すみませんでした」という表現。「いつも見ていないのでは!?」という不信感につながることもありますから、言い方の工夫も必要かもしれません。例えばこんなふうに……。

ハルトくんの遊びがとても魅力的に見えたのか、ほかの子とおもちゃの取り合いになってガブリとかまれてしまいました。止めようとしたのですが、あと一歩のところで間に合わず、防ぐことができずに申し訳ありませんでした。

ケガの報告 ルール5

「育ちにとって大切なこと」それ、今言ってはいけません！

ただの言い訳に聞こえてしまいます

「小さなケガは、育ちにとって大切なこと」という考え方もありますが、それをケガが起きたときに言うのは不適切ではないでしょうか。保護者に「そんな小さなケガは気にするな」と、自分たちの見落としを棚にあげて、言い訳をしているように聞こえてしまいます。

親の側からすれば、自分が見ていない場所で我が子が傷ついたと知って、とてもショックを感じていることと思います。

まずは、保護者も傷ついているという気持ちを受け止めることが先決です。

ケガの報告 ルール6

再発防止は家庭と一緒に考えていく

園での対策を伝えたうえで……

ケガやトラブル発生の原因を考えてみると、夜の睡眠時間が短くてイライラしていたなどと、家庭の協力で改善できることもあります。保護者との関係がある程度できていたら、状況説明とともに「園ではこういう姿なので、こんな原因が考えられるのですが、何かご家庭で、思い当たることがありますか？」など、家庭と一緒に再発防止のためにできることを考えていくことも大切です。

保育を「預かるだけのサービス」にしないためにも、「家庭とともに育てる」姿勢を忘れたくないものです。

ケガの報告

ルール 7

特定の子ども間で くりかえすトラブルは 双方の保護者に報告

くれぐれも子どもを悪者にしない

あはは
ケガしちゃったの？
あんたんちの子が!!
気をつけてね～
ママ's VOICE
うちの子がやってしまったら
先方に謝りたいから
ぜったい伝えてほしい
ママ's VOICE
「お互いさま」とは思うけど、
何度も続くと
ちょっとね
再発防止策を
していないってこと？

特定の子ども間でトラブルが頻発する場合は、双方の保護者に事実関係を伝える必要も出てきます。「園で起きたことは園の責任」の原則に照らせば、ケガした子の保護者への謝罪だけでなく、ケガをさせてしまった子どもの保護者への配慮も必要です。叩いてしまったときに、なぜその子がそうせざるをえなかったのか、子ども目線で状況を説明することが大切。トラブルばかり起こす我が子を否定的に見るような報告の仕方では、保護者も子どもも、気持ちが荒れるばかりです。

ケガの報告

ルール 8

ただし、仲を取りもたない

「謝る、謝らない」は 保護者が判断すべきこと

怒ってるんで
NG
え～っ
謝罪してください。
れんらくちょう
かじかじ

双方の親にていねいに事実関係を伝えることは大切ですが、仲を取りもとうと「あちらのお母さんはこう言っています」「こちらはこう……」などと間に立つことは、原則的にはするべきではないと思います。子育ての当事者は保護者ですから、「謝る、謝らない」についても保護者が判断すべきこと。

保育者自身の価値観を持ち込んで、保護者同士がトラブルになったときに、巻き込まれて心身ともにグチャグチャになってしまった例もあります。これは保護者の自己決定が大切です。

状況説明で悪者をつくらない

子ども同士のイザコザ

CASE 7 子どもの視点で語られるコワサ

園から

今日は昼食時に、ハルカちゃんの手がお隣の子のスープカップに当たって、こぼれてしまいました。お隣の子が「ふいてほしい」とお願いすると、泣き出してしまい、気持ちを立て直すのに時間がかかってしまいました。保育者が子ども同士の気持ちを仲介するような声かけをしたのですが、自分の思いをまだ言葉で表現できす、泣いて訴えるだけになってしまったようです。成長のプロセスだと思いますが、おうちでもこういうことがありますか？

家庭から

家では自分に非があることを叱られると黙ってしまいますが、少し時間が経てば、きちんと「ごめんね」と言える子です。長い時間、泣いていることはそんなにありません。
今日のことを聞いてみると、「お隣のゲンタくんに椅子をさわられるのが嫌だった」と言っていました。ですから、スープをこぼしてしまった悔しさと、自分が悪者にされたことに、納得がいかなかったのではないかと思います。

園から

おうちではきちんと気持ちを伝えることができているんですね。昨日、泣くだけになってしまったのは、保育者が満たされない思いを充分受け止めてあげられなかったからだと思います。お母さんにもご心配をおかけして、申し訳ありませんでした。 → 素直に反省

ハルカちゃんがきちんと言葉で伝えられるように、私たちも意識していきたいと思います。その後の様子は、お会いしたときに詳しくお話ししますね。 → 今後の対応

今日はお店やさんごっこのための商品を、一生懸命作っていました。本物そっくりのアイスやハンバーガーを作ったんですよ。 → 今日の様子

状況説明が責任回避になってない？

園で我が子がつらい思いをしたと知れば、「うちの子にしっかりかかわってくれているのかしら？」と、保護者が不信感を抱くことはしぜんなことではないでしょうか。子どもの葛藤場面の伝え方として、事実関係や保育者の対応を伝えることは、確かに必要かもしれませんが、

✕ このときの状況はこうで、私はこう対応をしたけれど、こうなってしまいました。これも成長のプロセスですから……

なんて、責任を回避するだけの言葉が並んでは、本当の信頼関係を結ぶことはできないと思います。

保護者は、我が子の思いに注意を向けてくれる保育者がそばにいてくれているということが、安心であり、うれしいことなのではないでしょうか。

伝えたいのは〝子どもの課題〟の前に〝明日の自分ができること〟

では、どんなふうに伝えたらよいのでしょうか。4、5歳児クラスになるほど、子どもの側の課題をまず伝えてしまいがちですが、そのときの保育者自身の課題だってありませんか?

もっと私がハルカちゃんの思いに寄り添えていたら、泣くだけでなく、違った表現をしてくれていたかもしれません。

ご心配をおかけして申し訳ありませんでした。満たされなかった思いを、充分に受け止めてあげられたらよかったです。

なんて言葉を素直に伝えることが、結果的には誠実さの表れとして受け取ってもらえると思います。

実録!
保護者間
トラブル

炎上を防ぐ　心得5ヶ条

仲間はずれやうわさの炎上、不倫ざたまで……、
本当にあった保護者トラブルを保育現場から集めてみました。
まずは発生のメカニズムを知って、対応方法を考えてみましょう。

増加の原因は人間関係の希薄化

原因のひとつは「人間関係の希薄化」です。ライフスタイルや預かり方の多様化によって、保護者同士がお迎えで顔を合わせたり、園外での行き来が少なくなり、お互いのことが見えにくくなっているため、誤解が生じやすくなっているのです。

さらに、園での子どもの姿が見えづらいため、不安感の強い保護者が「○○ちゃんっていじめっ子なんだって?!」とか「あのお母さん、なんだか感じが悪くない?」と、うわさの発信源となっていざこざが拡大していくことが多いようです。ということは、保護者の不安を取り除くことが解決への近道なのですが、園がどこまで介入するかの線引きも必要。そこで実例をもとに、対応ルールの基本を見ていきましょう。

保護者会活動が元凶に

「平日・昼間の役員会はムリ!」と言いはる保護者と、「働いていれば、えらいとでも言いたいわけ!?」と譲らない専業主婦グループが激突。(こども園・Tさん)

もはや定番!? LINE・メールトラブル

休日に子ども同士が遊ぶ約束などを保護者同士がLINEやメールでやりとりするのはよくあること。ですが、「おはよー」「おやすみ」までLINEでするほどエスカレートして……。忙しくて返信できなかったママが園で顔を合わせても、ほかの保護者からあいさつしてもらえなくなるという事件がありました。　(幼稚園・Mさん)

ワイドショーも顔まけの不倫ざた

お迎えでよく顔を合わせていたパパとママ。子ども同士も仲がよかったため、帰宅途中に食事に行ったところから火がついて男女関係に発展。ほかの保護者の目撃情報でバレてしまい、２組の夫婦と園長を交えた修羅場に。子どもたちが本当にかわいそうでした。　（保育所・Sさん）

子どものような仲間はずれ

うちの園では、クリスマス会で保護者が劇などの出しものをするのが伝統で、きょうだいがいる家庭は上の子の組で参加するのが暗黙の了解でした。それなのに、「○○さんは下の子のクラスで出るかと思って～」と言われて役をもらえず、誰もいないところで泣いていたお母さんの後ろ姿が忘れられません。　（保育所・Tさん）

金銭トラブル

行事や参観日に、保護者の財布からお金がなくなることが多発した年がありました。犯人の目星はついていたのですが現行犯で注意することができず。かといって、警察を呼んで子どもの前で逮捕なんてことは絶対に避けたいと思いました。だから、掲示物や園だよりで注意を呼びかけるようにしましたが、続いてしまいました。

（保育所・Kさん）

子ども同士のいざこざから

心配性のCくんママは、「今日は嫌なことはなかった？」と聞くといつも名前の挙がるDくんに腹を立て、保護者に直接謝罪を要求したことがありました。CくんとDくんは、むしろ仲がよすぎるために、いざこざが起きてしまうだけだったのですが……。　（こども園・Oさん）

キョーフのうわさ地獄

ママ①「うちの子、Aちゃんにいじめられているみたいなの」
ママ②「Aちゃん、3人きょうだいの末っ子だからさ、先生にとり入るのがうまいのよ」
ママ③「先生も、えこひいきしているのよ～」
なんて、うわさが広がったことがありました。　（幼稚園・Rさん）

シーン 1

双方が怒り爆発

子ども同士のいざこざや、うわさなど、感情的にもめている様子

接し方のヒント

お怒りの言い分を聞くに尽きます

トラブルが起きてしまったあとであれば、「お怒りはごもっとも」とていねいに聞くことが第一です。そのときに当事者同士を一緒にせず、別室でそれぞれの言い分をていねいに聞く時間を取るだけで、ある程度は保護者の気持ちも落ち着くと思います。このようなケースでは園長・主任など、管理職の先生に同席してもらってください。

シーン 2

謝ったほうがいいでしょうか？

「あちらのご両親がお怒りみたいで」と相談された

接し方のヒント

謝らなくてはならなくなった保護者へのフォローも

保護者の仲をとり持たないことが原則です。しかし、保護者のほうから「謝ったほうがいいですよね？」と言われたら、「そうしていただけると、先方も気持ちが落ち着くかもしれませんね」くらいの促しはあってもよいかもしれません。そのとき、園内の出来事が発端であれば、「嫌な思いをさせてしまって、スミマセン」といった心づかいも必要です。

シーン 3

園の外でのいざこざは

メール、降園後など

接し方のヒント

子どもたちの姿が保護者を変える原動力です

保護者間のメールや降園後のおつきあいなど、園外でのトラブルでＳＯＳがあったときに口出しをしていてもきりがありません。それはそれで、話を聞いておくとしても、保育者がするべきことは、子どもたちのポジティブな姿をていねいに語ることです。子ども同士が仲よくしている姿こそ、保護者を変える力になります。

シーン 4

増える予感
保護者会トラブル

誰が・いつ・ひきうける?
共働きか主婦かで
もめることも

接し方のヒント

役員さんの「やりがい」をどう高めるかがカギ

認定こども園が増えるなど、専業主婦と働きながら子育てをする人たちがひとつになって保護者会活動を担っていくことになると、こうしたいざこざは増える可能性があります。担任の立場であれば「○○ちゃんもすごく喜んでいました」と子どもの姿を通して、保護者の協力への感謝を伝えやりがいを引き出すことがポイント。園務分掌で保護者会担当になったら、会長・副会長を励まし、感謝し、相談にのることを心がけるとスムースにいくと思います。

シーン 5

モラルのない人に

金銭トラブル、
写真転載など

接し方のヒント

「してはいけない」雰囲気をつくる園長からの警告を

園内での金銭トラブルや、行事で撮影したほかの子どもの写真を無断でネット上にアップロードしたり、園内での金銭トラブルなど、明らかにモラルのないルール違反は担任の立場で注意するのではなく、園長から言ってもらったり、園内掲示や園だよりなどで間接的に注意を喚起していくことが必要です。

保護者間トラブル　対応のポイントは

❶ とにかく「話を聞く」

❷「園外」で起きたことには立ち入らない

❸ 子ども同士の仲のよさを発信する

| column 2 |

ネガティブ情報を伝える

距離を縮めるチャンスでもあり

子ども同士のトラブルを保護者は何となく耳にしても、自分からは園に言い出しづらいことのようです。一方で、保育者にとっても、園での子ども同士のトラブルを伝えるのはとても気が重いもの。だからこそ、保育者のほうから、子ども同士のトラブルをていねいに伝えることは、保護者との関係がぐっと近くなるチャンスでもあります。

そのときの様子を、具体的に、ていねいに伝え、先生自身がどのような思いでかかわったかも忘れずに説明してください。この先のポジティブな見通しや保育者としての願いと共に伝えることがコツ。そして、保護者の思いをていねいに、手厚く受け止めることが大切です。

保育者のほうから子どもの姿を伝えてもらえることは、大きな安心につながります。保護者にとってはモヤモヤしながらも聞けなかったことや、保育者がどのような思いで我が子にかかわってくれていたかが理解できるよい機会になるはずです。

PART 3

話すだけがコミュじゃない

書いて伝える技術をみがく！

アドバイスより共感が効果的

連絡帳で伝える

CASE 8 書かない・読まない……それぞれの事情

園から

今日のお散歩コースはさんかく公園でした。アリの行列を見つけると、じーっと観察していたタイキくん。巣穴を見つけて、私にキラキラした目で教えてくれました。タイキくんはムシに興味があるみたいですね。公園にお散歩に行くと、ダンゴムシやアリ探しに夢中です。おうちではどこにお散歩に行きますか？

末尾を疑問形で結ぶ

単純に、何を書いてよいのかわからない、書くことが苦手という保護者も少なくありません。そこで、園での子どもの姿を伝えるとともに、末尾を家庭での様子を聞く「疑問形」で結ぶというのも、会話のキャッチボールを続けるテクニックです。

業務軽減のため連絡帳を取りやめる園も増えている昨今、「そこまでして？」と思われるかもしれませんね。

でも、保護者にとって園はブラックボックス（見えない箱）です。「公園に行ってムシ探しに夢中でした」の一文で、今日の我が子をイメージしてもらえる連絡帳は、大切なコミュニケーションツールです。

個々の姿を具体的に返事がないなら話せばいい！

連絡帳は家庭と園との大切な架け橋です。同じように、書いて伝える「おたより」との違いは、個人への発信ツールであるということ。受け手である保護者がもっとも知りたいのは、クラス全体の姿より、今日の我が子の姿です。その点をおさえて伝えるようにしていれば、短い文章でも「充分、伝えてもらった」感をもってもらえると思います。

連絡帳は読んではいるし、それを見ていろいろ感じてはいるのだけど、保護者はいつもお返事を書ける状況だとは限りません。「書いてこない」＝「読んでいない」ということではないと思うので、返事がないことに一喜一憂するのではなく、「書くことが苦手なら、直接お話しをすればいい」くらいの、柔軟な気持ちで続けていくのが、互いの気持ちよいコミュニケーションを支えます。

そのうえで、連絡帳を書くときのこまやかな心づかいを、よくありがちなシーンから考えてみましょう。

たくさん伝えすぎない！

家庭や仕事、子育てなどで余裕がないことがわかる保護者に対しては、最低限の情報を伝える程度にするのがよいと思います。人は大変なときに、いくら言われても頭に入ってきませんし、逆に情報が多すぎると内心「うるさいなぁ」と思ってしまいます。ときには、保護者の気持ちや生活にも思いをはせてみて、「このお母さんは何て言われたらうれしいかな？」と考えてみる習慣をつけるとよいと思います。

園から

午前中は寒さに負けず園庭で遊びました。まだ霜柱が残っているところを探しては、サクサクとする感覚を楽しんでいるユキヤくんでした。すごくかわいかったですよ！途中でツルンと転んでしまってジャンパーが汚れてしまったのですが、お母さまが上着の替えまで用意しておいてくださったおかげで、着替えたらまた、楽しく遊ぶことができました。

CASE by CASE で考える
連絡帳の基本ポイント6か条

ポイント 1
ほしいのはアドバイスなのか？共感なのか？
保護者の真意を見極める

保護者から

最近、うちの子の、わがままというか自己主張が強すぎて困っています。朝も着替えが進まないので、私が脱がせると大泣き。こっちが泣きたいです。

保護者のお悩みへの返信は、「大変ですよね」と受け止めてほしいのか？　アドバイスがほしいのか？　その真意を見極めることが実はとても大切です。若手であればあるほど、アドバイスを伝えるよりも、誠意をもって保護者の気持ちを聞こうとする姿に好感がもたれたりもします。例えば、

忙しい朝はなおさら、焦ってしまいますよね。園でのお着替えも今はそんな感じです。

基本は、①受け止めて（共感）、②園での姿を伝える――という流れです。

ポイント 2
上から目線のノウハウ伝授型より
園での手立てを伝える

保護者から

遊び食べがひどくて困っています。年子のお姉ちゃんにもまだ手がかかるので、食事のあとはぐちゃぐちゃ……。どうしたらいいのでしょう？

「こういうときは、こうするといいですよ」とノウハウ伝授型では、「そんなこと、とっくにやってみたわよ」と思われることが、往々にしてあると思います。

そこで、園での様子として伝えるという方法もアリ。例えば、

園でも、おなかがいっぱいになるとスプーンで遊び出すことがあります。あと少ししたら、自分から「ごちそうさま」のサインを出してくれるようになると思うので、今は、遊び食べが始まったら、「ごちそうさま？」と聞くようにして対応しています。

こんな感じで、現状を伝えた上で、近い将来の見通しと自分がやっている手立てを伝えるのがベターではないでしょうか。

ポイント3
まずは相手の思いを汲む

怒っている人に保育者の意図を急いで語ろうとしない!

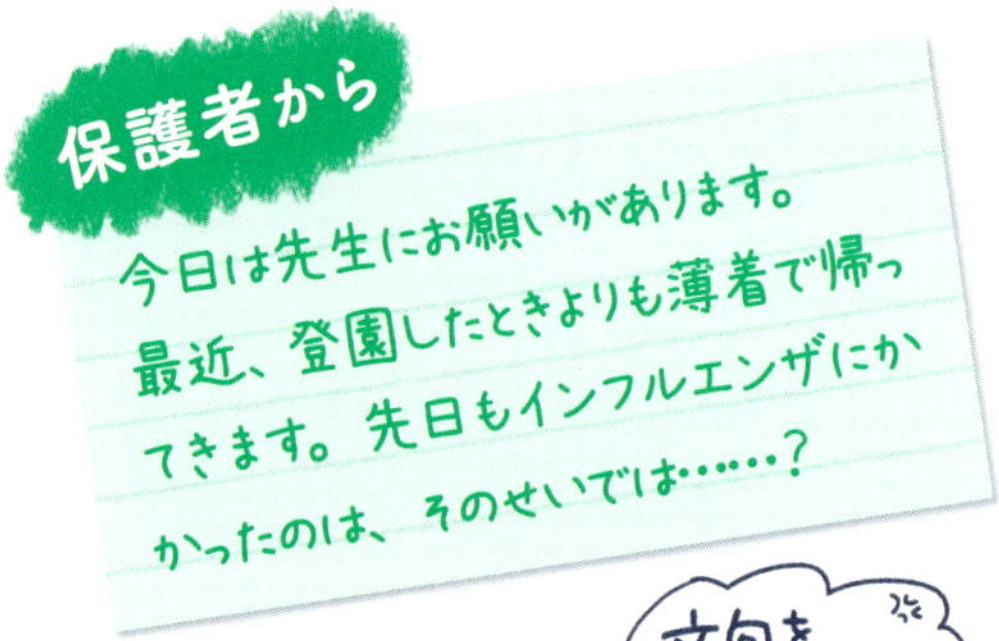
保護者から
今日は先生にお願いがあります。
最近、登園したときよりも薄着で帰ってきます。先日もインフルエンザにかかったのは、そのせいでは……?

文句を言ってやらなくちゃ!
んえ!?
さようなら〜
くしゃんっ

もちろん、保育者の側にも理由があってのことなのでしょうが、まずは保護者の思いを汲んで、受け止める姿勢が大切です。

その後の連絡帳のやりとりのなかで、「夢中で遊んで、たくさん汗をかいていました」などと、子どもの様子を伝えながら気づいてもらえれば、それでよいじゃないですか!? 連絡帳のような短いやりとりのなかで「薄着によって健康になる」などと、保育者の側の正論を述べても、伝わらない可能性が大きいと思います。

ポイント4
ポジティブエピソードを強調

保護者の心配に追い打ちをかけるより

Meiko's QUESTION

今日は1日、ほぼ泣きっぱなし
何を書いたらよいのでしょうか?

ギャ
ギャ

長い1日のなかでどの場面を切り取って連絡帳に書くかで、保護者の安心感や信頼感が違ってきます。朝から子どもの機嫌が悪ければ、保護者だって心配な気持ちを抱えて過ごしていたことでしょう。それ以上、追い打ちをかけるより、ポジティブなエピソードを強調して伝えるべきだと思います。例えば、

> 午前中は泣いていることが多かったのですが、だっこしているうちに落ち着いて、午後はお友だちと三輪車に乗って機嫌よく遊べました。

と伝えれば、午前中の子どもの様子も伝わり、さすがプロと思ってもらえますよ!

ポイント5
こちらから歩み寄るのがプロの技！

書いて応戦しようとしない

保護者から

子どもの話を聞いていたら、先生の対応にムカついてきました！

Meiko's QUESTION

こんな暴言を書いてくる保護者に、何と返事をしたらよいのでしょうか。

保護者によっては、毎日の子育てや仕事などのいらだちから、つい感情的な言葉を発する方もいます。保育者としては傷つきますよね。でも、「売り言葉に買い言葉」で感情的になっては、信頼関係が築けません。このような場合、連絡帳ではなく誠意をもって話すことが大切です。「昨日は嫌な思いをさせてしまってすみません」などと、こちらが歩み寄ることによって、保護者のほうもクールダウンすると思います。お会いするのがむずかしければ、電話をかけるなどして、書面ではなく話したほうがコミュニケーションが取りやすいと思います。

ポイント6
お願いはとにかく手厚く

「お子さんが困っています」では困ります

Meiko's QUESTION

クラスだよりで依頼した発表会の手作り衣装。期限を過ぎても持ってきてくれません。連絡帳でお願いしてもだいじょうぶ？

まずは「お忙しいですよね」と配慮をしつつ、保護者にも事情があるのでしょうから、もう一度、作り方のおたよりを渡したり、「園でいっしょに作りませんか？」「サポートしましょうか」と提案する手厚さが必要です。くれぐれも、「おたよりでお伝えしたはずです」「○○ちゃんが困っています」という、相手の非を指摘するような伝え方をしないように気をつけて！

おたより作り ココPlus+

巻き込むしかけが人を変える

CASE 9 おたよりで効果的に伝えたいコト

保育の見える化ツールとして

これは、私も親の立場になって気づいたことなのですが、保護者には「子どもが園の中でどのように育っているのか」「保育者がどんなに一生懸命やっているのか」ということがあまりよく見えないというのが、残念ながら事実です。だから、マンガのように我が子かわいさに疑心暗鬼になったり、過保護になったり無理解・無関心な保護者が出てきてしまうのかもしれません。

そこで、子どもたちが園のなかで育ち合う姿を知ってもらうためにも、上手に活用したいのが「おたより」です。通常、行事等の予定や事務連絡が中心になりがちですが、それを、子どもたちの魅力的な姿を伝えるツールとしてシフトチェンジしてみませんか。

おたよりで〝見える化〟する

では、従来型のおたよりの、どこを・どう変えていったら、保護者とのパートナーシップが強まる発信ツールに変わっていくのでしょうか。

今のおたよりにプラスして試していただきたいヒントをご紹介します。まずは今一番気になっていることから、1つずつ試してみてください。きっと想像以上に効果が上がると思います。

心配いっぱい
“疑心暗鬼”な保護者が変わる！

プラス1 写真を入れて回数を増やす

すぐできる★まねできる プラスα

子育てのヒントになるようなエピソードは保護者に喜ばれる情報です。しかし、くれぐれも上から指導するような書き方や、子育てに注文をつけるような書き方にならないよう、気をつけてください。

フォーマットの活用で効率化

いじめの心配も、ほかのご家庭の様子を気にするのも心配の表れ。おたよりの発行回数を増やして、子どもの様子や、保育者の意図を伝えていくことが、そういった心配を解消するための近道です。

でも、日々の業務が多忙ななかで「これ以上、書くのは大変！」という先生も少なくないかもしれませんね。そんな場合は、例えば、あらかじめフォーマットを作っておいて、「今日のベストショット」などとして写真だけを更新していくといった方法もあります。

写真に、子どもの言葉や、保育者の思いを、添えると説得力が増していきます。

参照 p.54

何もかも先まわり
“過保護”な保護者が変わる！

プラス 2

葛藤、挑戦、涙も……
発達のプロセスを伝えよう

すぐできる★まねできる
プラスα

いざこざなどマイナスと思われる場面ほど、実は保護者の関心は高く、保育を伝える上でも重要です。でも、ネガティブ情報を伝えるときは、友だちへの関心が高まっている時期であることなど、トラブルの「意味」や「成長」を強調した伝え方を工夫する必要があります。

あえて失敗・課題も伝えてしまう

行事や造形活動の作品など、保護者はどうしても、我が子のできばえに目がいきがちです。そのため、我が子が少しでも「できない」姿を見せる前に、手を貸してあげたくなってしまう気持ちもわかります。

そこで、おたよりではプロセスの大切さが伝わるような書き方を工夫してみてください。例えば、

リレーの順番をめぐって口論に！

一時は、「あの子と同じチームはイヤ」なんて分裂騒動が起きてしまった赤組さん。しかし、リレーが始まってしまえば、互いに応援する姿が見られました。

ほかにも、これまで一度も踊ろうとしていなかった子が自分なりに参加しようとした姿や、作品を作っているときのつぶやきなどもよいと思います。保育者だけが知っている育ちの姿ってありますよね。こうしたプロセスのなかに大事な子どもの発達があることを、さらりと伝えられると効果的だと思います。

ちょっと行き過ぎ
“我が子オンリー”な保護者が変わる！

プラス 3
園の活動に じょうずに巻き込んで！

すぐできる★まねできる
プラスα

保護者の感想を掲載したり、保護者会で盛り上がった話題のその後を伝えるなど、保護者の声をていねいにおたよりに盛り込んでいくと◎

その後の詳報が“巻き込み力”

我が子オンリーの保護者は、もともと子育てに熱心な人ですから、子どもたちが育ち合う保育の輪のなかに巻き込むような、おたよりの工夫を考えてみてください。例えば、

今、子どもたちの間では、ペットボトルマラカスを持って踊るポレポレダンスがはやっているので、家庭でいらなくなったボトルがあったら、持たせてください。

お散歩のときにつかまえたカエルを育てています。よい餌を知っている方は情報提供をお願いします。

さらにその後の経過や保護者の反応を次のおたよりで紹介することが必須です。保護者にとっては、クラス全体の役に立ったことに喜びを感じるとともに、ほかの子どもたちの様子にも目が向くきっかけになると思います。

もう少し子どもを見て！
“無関心”な保護者が変わる！

プラス4
あなたが感動したエピソードをI《アイ》メッセージで

すぐできる★まねできる
プラスα

多くの保護者は、担任の先生のことを「もっと知りたい！」と思っているはず。「休日はハイキングに行ってきました」など、ときにはプライベートなことも発信すれば、保護者とのコミュニケーションのきっかけにもなります。

I《アイ》メッセージが心を動かす！

保育をしていると、子どもって「かわいいなあ」とか「すごいなあ」と心の動く出来事がありますよね。保育者が感じるこうしたエピソードは、保護者にとっても魅力的に見えるはずです。初めて○○ちゃんがピーマンを食べられたことや、縄跳びに何回もチャレンジしている姿――。おもしろかった遊びや、子どものかわいらしい姿などちょっとしたことでもいいのです。大切なことは保育者自身の思いや感情を書き入れること。

書き手の心が動いている文章は、読み手にも魅力的に伝わります。保護者には保育者の願いや情熱は伝わりにくいものですが、「I《アイ》＝私」を主語にして、自分の思いを発信してみてください。

保育者の思いや人となりが伝わると、案外、保護者は安心感と信頼感をもってくれるようになります。

| column 3 |

安心をつくる

ドキュメンテーションで「見える化」

手間と時間をかけて書いたおたよりなのに、保護者からの反応がうすくてがっかりしてしまった、という経験はありませんか？　そんなときおすすめなのが、写真を使った「ドキュメンテーション」という情報発信の仕方です。

その方法は保育中に撮った写真と、そのときのエピソードを書いて添えるだけ。文字の分量は減らして写真で伝えることで、書き仕事の負担が減るだけでなく、言葉だけでは表現しづらかった子どもの姿を“見える化”する効果も絶大です。

保育は生活そのものです。「日常のなかの何が、子どもの育ちにとって大切なのか」ということは言葉で説明しようとしても、保護者には伝わりづらいもの。でも、一瞬の子どもたちの姿を写真で切り取って語れば、「こんなふうに子どもたちは育ち合っているんですね」「先生はそんな意図をもっていたのか」と納得してもらえることも多くなると思います。ただし、一人ひとりがまんべんなく登場するような配慮はお忘れなく。

| column 4 |

省力化と「見える化」の知恵

記録から「児童票」へ

「児童票」も固い形式のフォーマットをガラリと変えて、写真とエピソードで作成する園が、最近増えてきました。例えば、3か月に1回程度、児童票を書くとすれば、その時期の発達段階でもっとも特徴的な姿を映した写真を選び、エピソードを書いておくというやり方です。あとで見返したときに、写真なので育ちのプロセスが目で見てわかる児童票になり、「要録」を作成するときの基礎資料としても役立ちます。

　せっかくですから、保護者にも開示することで、「こんなふうに見通しをもって保育をしてくれていたんですね」と納得してもらえるはず。信頼関係の構築にも児童票がひと役かってくれると思います。実際に、これをおこなって、保護者との関係がとてもよくなったという園があります。

砂場でお山作りをしたかった1人、泥だんごを作りをしたかった1人、初めは「勝手にすれば」と、遊びのイメージが決裂してしまった2人。しばらく見守っていると、「ねぇ、サラサラ砂があったよ」「どこどこ?」という会話から、結局、二人でピカピカの泥だんごをたくさん作っていました。お友だちとイメージを伝え合いながら遊ぶようになってきました。

| column 5 |

効率化でつくれる信頼

PC＆カメラ活用のススメ

もっと子どもとていねいにかかわりたいのに、保育者は事務作業に追われているというのも事実です。ここは発想の転換で、昔ながらの手書きの記録や、あまり意味のないイメージイラスト入りのおたより作りをやめてみませんか。確かに、園で代々受け継がれてきた、こうした工夫もあたたかみを伝えられる方法かもしれません。

でも、子どもの姿の“見える化”を優先して、効率的に情報発信することを考えるなら、カメラとパソコンの活用をおすすめしたいと思います。いつもカメラを持っていれば、ちょっとした記録も、文字で書くよりもずいぶん楽になるうえ、後でその場面を振り返りやすくなります。

また、パソコンであらかじめフォーマットを作っておけば、その日の写真を貼りつけて、エピソードを書き込むだけで、毎日の記録にも、おたよりづくりにも生かせます。ブログやクラスボードで、日々の写真をこまめに発信している園は、毎日の保護者とのコミュニケーションがとてもよいことを感じます。

PART 4

わが子にムチュー

行事のジレンマ解消法

がんばり・見どころをリアルタイムで発信！

前・後も楽しい行事づくり

CASE 10 行事は誰のため？

事前・事後のプロセスを意識して伝える

行事で保護者は、我が子をほかの子と比べて、「できた」「できない」という目で見てしまいがちです。保育者に対しても、「去年の先生はしっかりしていた」などと、比較の目を向けられてしまうので、「行事までにちゃんとさせなきゃ」と、子どもに「させる」保育になってしまう先生も見受けられます。でも、そんな行事を追求していくと、子どもにも保育者にもつらいものとなってしまいます。

本来、行事の醍醐味は、前後のプロセスにあります。でも、その前後が見えない保護者が、当日の出来ばえだけを評価してしまうのも仕方ないこと。

そこで行事のジレンマを解消するのに大切なのは、当日に至るまでの日々で、子どもたちががんばっていたり葛藤していた姿を、おたよりや掲示物、口頭で意識して伝えていくことです。それによって、保護者の当日の見方は大きく変わってきます。

プロセスに注目を集めるヒント

子どもたちの成長のプロセスを見てもらいたい園行事。でもどうしても、「できた」「できない」で見てしまう親ゴコロも理解できないわけではありません。そんなジレンマを解消するために、行事の前と後での保護者とのかかわり方を見直してみませんか？　行事当日のお困りごとをベースにジレンマ解消テクをベテランの先生方と一緒に考えてみました。

我が子のベストショットをひたすら狙う保護者が変わる!

話し方のヒント

ハードルを越えていく姿をリアルタイムで

mame's ADVICE

あの子がいたからうちの子もがんばれた

トラブルを伝えることの効果は、「あの子がいたからがんばれたね」とか、「みんなでつくりあげた」という、単なる勝ち負けではないところに注目してもらえるメリットがあります。そうしていくと、ファインダー越しに我が子だけを見つめる保護者も減るのではないでしょうか。

ベテラン's VOICE

つらかった姿で終わらせない!

行事に向かう活動のなかで、保護者にあえて子ども同士のトラブルや葛藤する姿を伝えることがあります。ただし、このとき忘れてならないのは、子どもがつらかったことだけで終わらせるのではなく、今後の見通しをポジティブに伝えることです。子ども同士で解決したことや、協力した姿も忘れずに伝えます。そうすると、行事当日のほかの子どもたちの姿にも関心を寄せて、見ていただけることが多いです。

みどり保育園
ももこ先生（保育歴10年）

ほかの子どもと比較して、怒り出す保護者が変わる!

話し方のヒント

号外を出す!

mame's ADVICE

おたよりを増やす

号外に加えて、行事が近づいたら活動の様子を伝えるおたよりを増やすのもおすすめです。なるべく「ここまでできました」ではなくて、保育者であるあなた自身が子どもって「かわいいな」と心が動いた瞬間や、「子どもたちがこだわっていたところ」をお伝えするのがポイント。1回でたくさん伝えようとするよりも、少しずつでも回数を多くして発行してみてください。

ベテラン's VOICE

当日の見所を裏話とセットで!

行事の前日に見どころを伝える号外を出すようにしています。「この絵のココにこだわって何度もやり直していました」とか、「リレーの順番決めでもめたけど、さあ当日はどんな結果に!?」など、裏話とセットでお伝えすると、できばえよりもクラス全体の成長ストーリーに感動してくれる保護者が多いように感じます。

かぜのこ幼稚園
あい先生(保育歴9年)

去年と比べて文句を言う
大人気ない保護者が変わる!

話し方のヒント

これからこんなふうに変わります！という見通しと共に

ベテラン's VOICE

私は気にしません！

子どもたち一人ひとりの育ちは違うのだから、行事だって去年と今年の違いがあって当たり前なのに、保護者には担任の力量の差に見えてしまうのかもしれませんね。保護者のそんな価値観に振りまわされると、子どもを叱ってでも練習させようとなってしまうので、私は気にしません。

ひかり幼稚園
みゆき先生（保育歴13年）

mame's ADVICE

ショーになっていませんか？

行事は本来、育ちのプロセスを共有する場。なのに、保護者向けのショーになってしまうと、子どもにとっても、保育者にとってもネガティブな結果しか残らないことが多いようです。例えば、生活発表会で、ある子どもにとっては踊ったりうたったりしなくても、その場にいられるだけで、大きな成長だという場合もあるでしょう。しかし、その日しか見ていない保護者の目には、「どうして、この子はみんなと同じようにできないの？」と映ってしまい、子どもや担当保育者を責めたくなる気持ちがうまれることだってあります。

そうならないためには、行事に向かう日々の中での、子どもたちの〝思い〟やその子なりの変化をエピソードで保護者に伝えていくことが大切になっていきます。行事当日が成長の途中であれば、さらに、「これからこんなふうに変わっていきます」といった見通しをお伝えすることを意識してみてください。

心配性のあの方につかまると時間が過ぎていく

話し方のヒント

切り替えるスキルも必要

mame's ADVICE

たくさんの保護者に声をかけるのが◎

先輩の言うとおり、できるだけたくさんの保護者に積極的に声をかけて、お子さんの成長の喜びを分かち合うことを意識してみてください！ どの保護者にも平等に接する姿が、子育ての心強いパートナーとして認識してもらえる一歩です。若手の先生にはちょっとむずかしいかもしれませんが、こんなテクニックも必要かもしれません。

ベテラン's VOICE

次につなげる言葉かけ必須

行事の当日はとても忙しいけれど、なるべくたくさんの保護者と話したいですよね。一人にかかりきりになるわけにもいきませんから、通りかかった職員に至急の連絡を伝えるふりをして、目の前の保護者には「今の話、すごく大切なので、あとで連絡帳に書いて詳しく教えてくださいね」と言って、その場を去るというテクニックをたまに使います。

みどり保育園
ももこ先生（保育歴10年）

「見る」より「やる」が不満を減らす

参観・参加どうする?

CASE 11 特別な日をほっこり盛り上げる

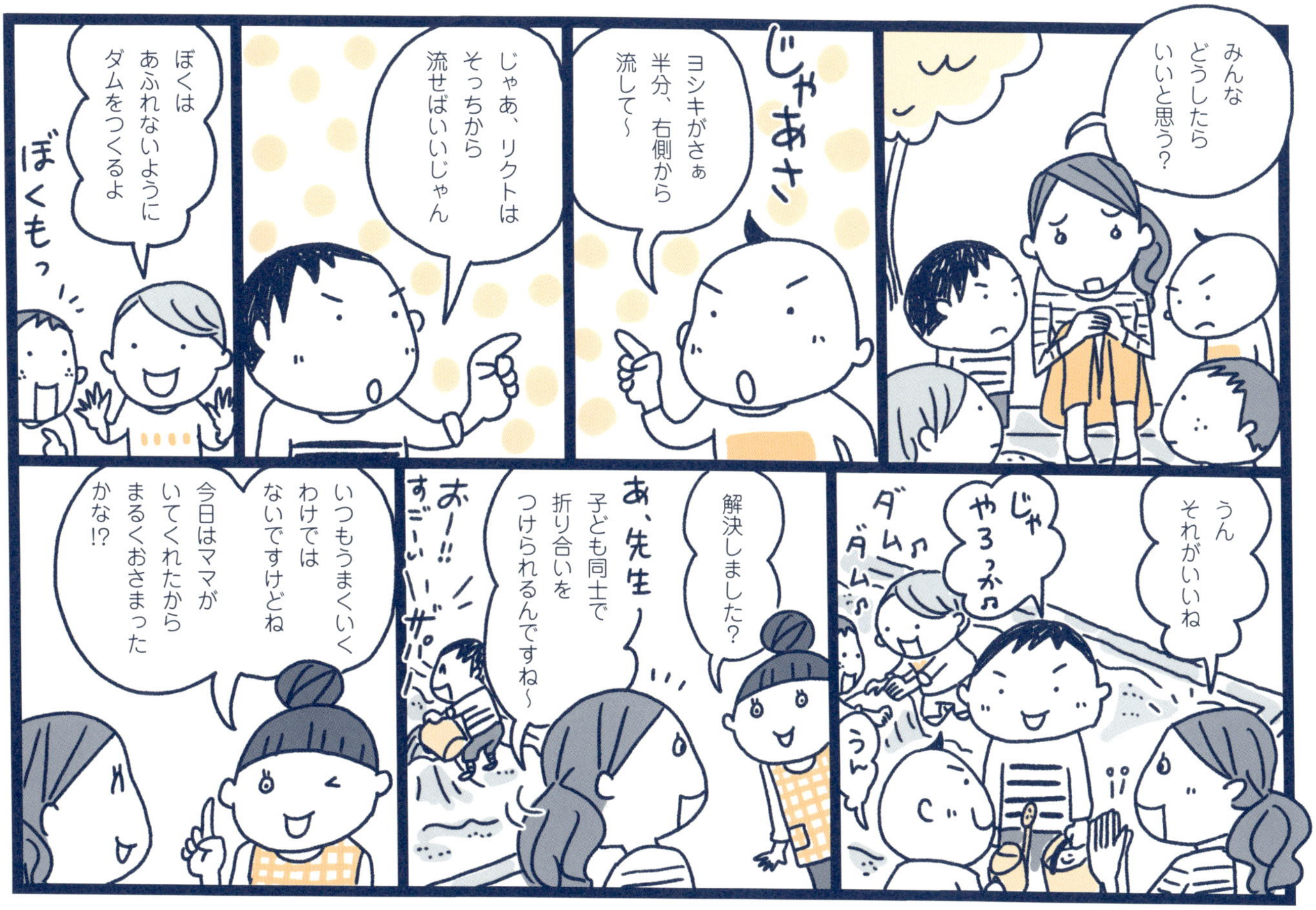

〝参観〟から〝参加〟へ

「私の保育を見られてしまうわ!」と思うとドキドキの参観日。最近は一斉に〝参観〟というよりも、保護者にも保育に〝参加〟してもらうスタイルが増えてきました。というのも、客観的に見るスタイルだと、「やってもらえていないこと」ばかりが気になってしまうことが多いからです。「見る」と「やる」のでは大きな違いで、保育に参加してもらうことで、家庭とは違う子どもの姿や保育者の仕事を体感してもらえます。その際、子どもたちの育ち合いを保護者が体感できるように、さりげなく心配りするのが保育者の役割です。

保護者のホンネから探る 参観・参加の心配り

参観・参加の目的は、ふだんの子どもとの姿や保育者の仕事を見てもらうということ。だからと言って、保護者はこの日見た様子をいつもの姿と考えますから、手厚くかかわるなどの配慮も心得ておくべき。ここでは、そんな参観・参加に際しての心配りのポイントを保護者のホンネから考えてみましょう。

保護者のホンネ

うちの子への声かけが少ないと不安になります

おとなしい子なので、いつもこうなのではないかと心配です。

意図が見えなくてイライラ

保護者も参加したジャンケン大会。グダグダと30分くらい続いてイライラしました。

「かわいい」以外のボキャブラリーは？

うちの子のことを「かわいい、かわいい」と言っていたのに、ほかの子にも「かわいい」と言っている姿を見て、妙にさびしい気持ちになった。

なぜ今、この遊び？

私は遊びを大切にしてほしいのですが、「ひらがなすら教えてくれない……」と文句を言っている人もいます。今は、「こういう理由で、この遊び」ということを、みんなが理解できるように説明してほしい。

接し方のヒント

子どもの姿から語る

参観・参加では、「今、子どもたちはこんな時期だから、こんなことを大切にしています」ということを、子どもの姿から語れるように準備しておくことがとても大切なことです。そういったことを積み重ねていれば、意図が見えなくてイライラしたなどの保護者の声も変わってくると思います。でもこれは、すぐにできるようになるものではありませんから、日ごろの保護者とのかかわりのなかで、意識して〝語りのトレーニング〟をしていくことがおすすめです。

接し方のヒント

いつもと違うということのフォローを

子どもだって特別な日ですから、うれしかったり、「かっこいい姿を見せなくちゃ」とナーバスになったり、いつもと同じようにならないのは当然です。そこを想定したうえで、子どもの思いを汲んだ流れになるように心がけてください。そして、ふだんの子どもの姿とは違うということは、事後の個人面談でできるだけフォローを。このときの面談こそ、参観日のもうひとつのメインです。「課題」を伝えるよりも、「保護者の声を聞く」という姿勢にモードを切り替えることが大切です。

こんなところに「さすが、プロ！」と感じています

似ています!?

あまり顔を合わせたことのない先生なのに、子どもの様子を話してくれて「何で知っているのかな？」とホクホクした気持ちになりました！ でもよく考えたら、子どもと顔がそっくりだからかな？

特徴に応じた声かけ

造形活動で作業が遅い子には「だいじょうぶだよ」、話を聞かない子には「お母さんに、かっこいいところを見せないとね」などと、一人ひとりに応じた声かけをして、みごと全員が作品を作りあげて活動が終わった！

つたないけれど……

保育歴2年目の担任の先生でしたが、一生懸命にうちの子のよいところを伝えようとしてくれる姿がうれしかったです。

担任以外の声かけもうれしい！

うちの子の園は誕生日ちかくの都合のよい日に保育参加するのですが、先生方みんながお祝いしてくれている雰囲気がいつもうれしいです。

言葉づかいがイヤ

うちの妻は保育参加のあとの「先生との面談がイヤだ」と言っていました。理由は、若い先生の言葉づかいがチャラチャラしているからだそうです。

長いのは苦痛

だらだらと長くて、発表会の参観が正直苦痛でした。1、2歳児クラスなど、ほぼ先生方の歌声だし……。

おなかペコペコ！

保育参加で一緒に外遊びを楽しんだあとの昼食。なんと、子どもと先生だけが食べて、保護者は見てるだけ……。私も食べたかったです。

接し方のヒント

遊びの意味が伝わる工夫

ただ、遊ばせているだけでない保育者の意図や、子どもたちの活動のプロセスを先にお伝えしておくと、保護者が子どもたちを見る視点が変わると思います。ですから、参観日の朝は事前に注目してほしいポイントを伝えておく必要があります。

また、「参観」スタイルを維持するのであれば、例えば、園庭マップを配り、子どもたちの活動の記録を書いてもらうなど、ほかの子どもにも関心をもってもらって、保育全体への理解が深まる工夫をすることもポイントです。

保護者会・個人面談で困ったら

保留にすることで得られる信頼も

CASE 12 ドキドキの保護者会

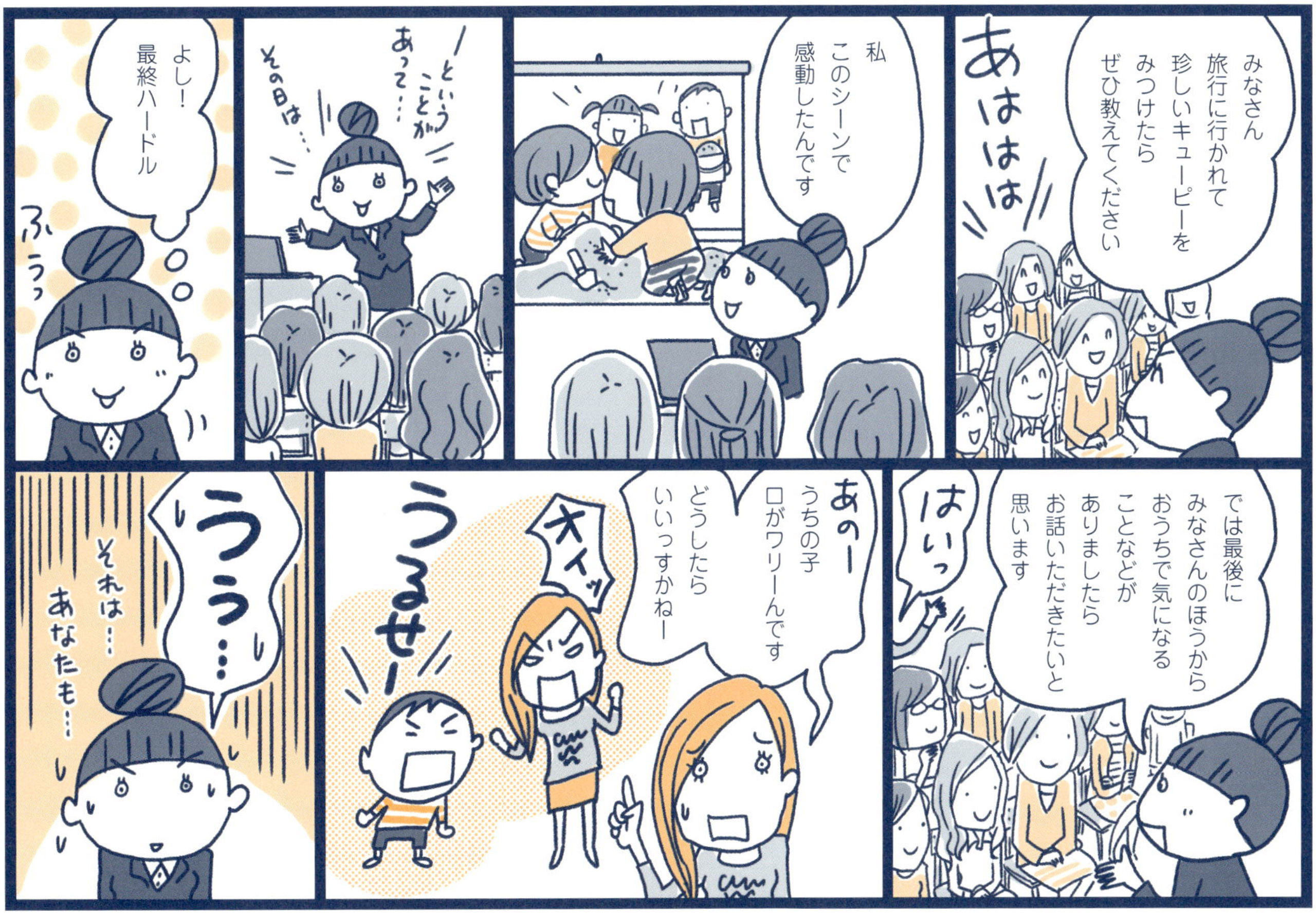

「園での対応」にアドバイスを含ませるテク

返答に困る質問が出てきたら、すぐに回答しないということも大切です。「園長と相談してご回答させていただきます」とか、「そういう視点で改めてお子さんを見てから……」と。ただし、そのあとの回答を忘れては、信頼を失うことになりかねません。

回答するときの心得は、子どもは発達の途上であること、園で協力できることを盛り込むことがポイント。マンガの例で言えば、

> 今は、よくない言葉を使ってみたい時期なので、時間がたてば少なくなってくると思いますが、職員も意識しててていねいな言葉づかいを心がけていくようにしますね

といった具合に、たとえご家庭に原因があるように感じても、保護者の責任にするだけでは何の解決にもなりません。「園でこうしていきます」と言うことで、「家庭でもそうしてください」という含意が伝わると思います。

知っておきたい基本メモ

めいこ先生世代にとってはハラハラ・ドキドキの保護者会・個人面談。
なごやかに乗り切るために、抑えておきたい基本ポイントを
タイムスケジュールに沿ってお伝えします。

クラス保護者会 Time Schedule の例

あいさつと会の流れを説明 1

途中で抜ける方にも配慮して、目安をもてるように会の流れは忘れずに！

2 子どもの近況を写真で伝える

選び方のポイント

- エピソードを語れる写真。
- 室内・屋外・活動模様など、いろいろなシーンを選んで。
- そのころの発達の特徴がわかる写真。
- まんべんなく全員が登場するように。
- 保護者が見てがっかりする姿が映り込んでいるものは×

お願いごとや連絡事項 3

会話する時間を優先したいから、事務的なことや固い話は「おたより」で

ちょこっとアイスブレイク 4

子どもたちとよくやる歌や手遊びを紹介すると、家での家族の会話もふくらむので◎

5 自己紹介

まずは保育者から。趣味や我が子自慢、名前の由来などのお題を出すと話しやすくなります！

6 フリートークタイム

全体で話すより、少人数のグループに分かれてのほうが会話が弾んでおススメ！

役員決め 7

役員のお仕事内容だけでなく、引き受けていただくことで得られるメリットを強調して伝えることがカギ！

準備するのは 子どもの姿が見える資料 ＋つながるしかけ

保護者会の目的は、子どもたちの園での姿を伝えることと、保護者同士をつなげることです。我が子が一日をどのように過ごしているのかがわかると保護者は安心しますので、写真や動画などのビジュアルで伝えることのできる資料はぜひ用意したいものです。ただし、我が子の姿が一度も出てこないと、さびしい思いをする保護者もいますので、念のため全員が映っている写真を盛り込むなどの配慮も忘れないでください。

また、保護者同士のつながりが希薄になっている昨今は、保護者会がつながり合える貴重な機会でもあります。フリートークは全体でおこなうよりも少人数のほうが会話が弾みますし、自己紹介はそれぞれの人となりが表れるお題を出すなど、保護者がつながれるアイデアも忘れずに準備してください。

どう対応？

個人面談

困った要望、タイム・マネージメントで憂うつ

個人面談では「あの子と同じグループにはしないでください」などと、答えに困る要望が寄せられることが多くて、気が重くなります。時間通りに進まずに、次の方をお待たせして不機嫌になられてしまうこともあり、個人面談の時期が憂うつです。

次への余韻を残してきりあげる

個人面談も保護者会も、子育てや家事、仕事をやりくりして時間をつくってくださっている保護者がいます。話が盛り上がっても、タイム・マネジメントは保育者の役割と心得て、「その話、すごく興味深いので、次はその話だけで話す機会をつくりましょう」と次への余韻を残して、終わりにするという工夫もあります。

伝える＋「聞く」を大切に

時間内に「あれもこれも伝えなければ」とか、「きっちり回答しなければ……」と考えていると余裕がなくなってしまいます。面談は、「おうちの様子を聞く機会」としても重要なので、質問項目を準備しておくとよいと思います。ただし、気をつけたいのは尋問にならないようにすること。

例えば、「〇〇ちゃん、園ではこんなことで困っているのですが、おうちでもそんな感じですか？」などと聞いては、保護者が責められているように感じてしまいます。「園ではこんなふうにしていますが、おうちではどうされていますか？」と園での対応を伝えたうえで、「ご家庭で、もっとよいやり方があれば教えてください」といった姿勢がよいと思います。

むずかしい要望も背景にある「なぜ？」を聞く

保護者会よりも個人面談のほうが、保護者も対応のむずかしい要望を軽い気持ちで言ってくることがあるかもしれませんね。だからと言って、こちらも軽い調子で「それはできません」と即答してしまっては、保護者にとってのモヤモヤを解決できません。要望の背景にある「なぜ？」をていねいに聞いていくと、もっと別の対応で解決できることもあったりしますから、「NO！」と即答する前に、ていねいに聞くことを大切にしてみてください。

| column 6 |

伝統との折り合い

子どもの姿を発信する価値

なかには勤務されている園が伝統的に、子どものできばえを重視した見せる行事をおこなっていて、自分一人の力ではどうしようもないと思われる先生もいるかもしれません。そんな現状であればあるほど、保護者に発信し続けていくことが大切です。一人ひとりの子どもの、小さな努力やがんばっている姿をエピソードで伝えていくことを忘れないでください。

運動会であれば、転んでも一生懸命走ったAちゃんのこと、踊りが苦手なのに練習をがんばったBちゃんのこと。造形展であれば、共同製作のなかのどこにCちゃんは力を入れて作っていたのか。そんな保育者の一つひとつの発信が、保護者だけでなく、子どもにとってもうれしいことなのです。

PART 5

急がばまわれ!

課題のある家庭との関係づくり

気づかせるより、笑顔にさせる

発達が気になる子どもの保護者と

CASE 13 認めたくないママの気持ち

まずはこの子なりの成長を共有

「この子の発達、なんだか気になる」。そんなとき、「専門機関を保護者にすすめなくては」と焦る気持ちはぐっとおさえて、保護者のほうから相談があるまで、信頼関係を築くことにベストを尽くしてみませんか。

一緒にこの子を育てる仲間として信頼関係を築いていくことが、子どもにとっても重要なサポートです。「みんなと違うこと」を気づかせる努力よりも、小さな変化も肯定的に伝えて、「この子なりに成長している喜び」を共有する努力のほうが、ずっと大切です。

園から

3歳児健診、おつかれさまでした。

突然、「相談を」と促されたら、お母さまもショックですよね。

園では、はづきちゃんのマイペースなところは個性と受けとめてかかわってきました。

発語がなかったことは、私たちも少し気にしていましたが、最近、徐々に言葉が出てきているように感じます。

今日のお昼は、私の手を持ってパンを食べたそうにしたので、「パ・ン?」と区切ってたずねてみると、「パン!」とはっきりと発音してくれたんですよ。

そして、一本指を出してはっきり「もう一回」と言っているようでした。一本指つきで! うれしくて、びっくりしました

気になる子の保護者との

関係づくりの5ステップ

発達が気になる子の保護者との関係づくりを、ステップ・バイ・ステップでご紹介します。

ステップ1
いきなり「専門機関へ」は絶対NG

大切なのは保護者の〝自己決定〟です

ステップ2
小さな変化も肯定的に大きく伝える

マイナス面ばかりを伝えられたら信頼感はもてません

まじめな保育者ほど陥りやすい失敗

入園時に保護者からの申し出はなかったものの、「落ち着きがない」「すぐにお友だちに手を出す」などの気になる姿が目立つ子どもが増えています。気になる姿を見つけると、まじめな保育者ほど「すぐに専門機関を保護者にすすめなくては」とか、「ご家庭の様子は」と根ほり葉ほり問いただし、保護者の不信をかってしまうことがあるのも現実です。

保育者はよかれと思っていても、前のめりなアプローチは禁物です。保護者だって〝育てづらさ〟を感じて悩んでいることがほとんど。それを口に出して相談して来ないのは、認めたくない気持ちがあったり、祖父母に「育て方が悪いから！」と責められてきた経験があるからかもしれません。保護者の微妙な気持ちを汲んであげられないことは、保護者を余計に苦しめることになります。

ステップ3
ていねいに“ニーズ”を引き出す

「こんなふうにしたら、こうなった」
園での対応策を伝えつつ
「ご家庭ではどうしていますか?」

ステップ4
子どもの姿を一緒に見てもらう

家庭と園では子どもの姿も
違います。子どもの姿を
共有できる機会をもって
みましょう

ステップ5
できる限り手厚くつなぐ・寄り添う

専門機関を案内するだけでなく、
「園から連絡をとってみますか?」
「保育のなかでも生かしたいので、
ご一緒させていただけませんか?」
と、寄り添う姿勢が
信頼関係を強くします

この子のよさを園全体に発信するのも担任の役割

担当保育者が心がけたいことは、「気になるあの子」のすてきなところをたくさん見つけて、ご家庭はもちろん、園全体に伝えていくこと。園全体で連携してこの子を育てていますという雰囲気が伝わると、実際には大変な子育てであっても、保護者もポジティブな気持ちで子育てに向き合えるようになると思います。そうして、保護者が自分から「この子にとってもっとよい方法を知りたい」と思えたときが、次のステップに進むときです。急がばまわれ!

CASE 14 育てづらさを訴える保護者に

ある日のエピソード……

こだわりが強くて、食事や着替えなど遊びや生活の切り替えがむずかしいオウスケくん。困り果てたママからの連絡帳です。

保護者から

昨日も夕食を食べたくなくて、なかなか食卓に座ってくれませんでした。
ごはんに限らず、気持ちがのらないとどんなに言っても動こうとしません。先日も、おしっこに行きたくてソワソワしていたので、トイレに誘ったら、遊びを中断するのが嫌だったようで結局おもらしをしてしまったり…。そんなことばかりです。先生方にもご迷惑をおかけしていませんか？

園から

園ではいろいろな人たちが連携してかかわっていますので、オウスケくんだけが特別大変という感じはありません。（回答）
でも確かに、生活の節目で気持ちの切り替えがむずかしいことがありますね。ごはんを食べたくない様子のときは、食事が入っているお皿をオウスケくんに見せて、「一緒にごはんを食べよう」と声をかけると、スムースに移動してくれることがあります。（園での対応方法）
これからも、何かよい方法を発見したらお伝えしますね。
ぜひご家庭でのやり方も教えてください！（チームワーク宣言！）

接し方のヒント

安易な「だいじょうぶ」はご用心！事実を肯定的に伝える工夫を！

ここまで再三、まずは保護者との信頼関係を紡ぐことが大切だと言ってきました。ただし、安易な「だいじょうぶ」という言葉も気をつけるべきだと思います。

家族から「育て方が悪い！」と言われて苦しんでいるお母さんだってなかにはいます。この子の育てずらさ、つらい気持ちを話したいのに話せない状況のときに、「園ではだいじょうぶですよ」と言われてしまっては、「やっぱり、私の育て方に問題があるのかな？」と思ってしまいませんか。

よかったことをていねいに

毎日の元気なあいさつと、子どもたちの遊んでいる姿をユーモラスに伝えるのがコミュニケーションのカギ。すべてをまじめに伝えようとすると逆効果です。8割は子どものよかったところ、1割は雑談で、残りの1割で気になることを伝える程度にしてみては!?

園での成功事例を共有しよう!

実際には、子どもも保育者も「困っている」場面が多いのかもしれませんが、マイナスをプラスにして伝える工夫をしつつ、「こんな個別の環境を用意したら」という園での成功事例を伝えていくと、ご家庭でのかかわり方のヒントにもなると思います。ていねいにお子さんに向き合っている感じも伝わります。

「障害がある?」を言い訳にしない

保育がうまくいかないと、問題が起きた場面だけを見て、「あの子はいつもこうだから」とか「障害がある?」と言い訳にしたくなる気持ちが出ることもあるかもしれません。しかし、子ども自身の困りごとがどこにあって、どうしたら困らないかを探るのが保育者の仕事です。保護者にも「園ではこんなときに困ってしまうことがあるけれど、こうしたらうまくいった」という伝え方をしていくと、「さすがプロ」という保護者からの信頼感が生まれてきます。

生活習慣がままならない

提案は園が協力できることとセットで

CASE 15　あと少し早く登園してくれたら……

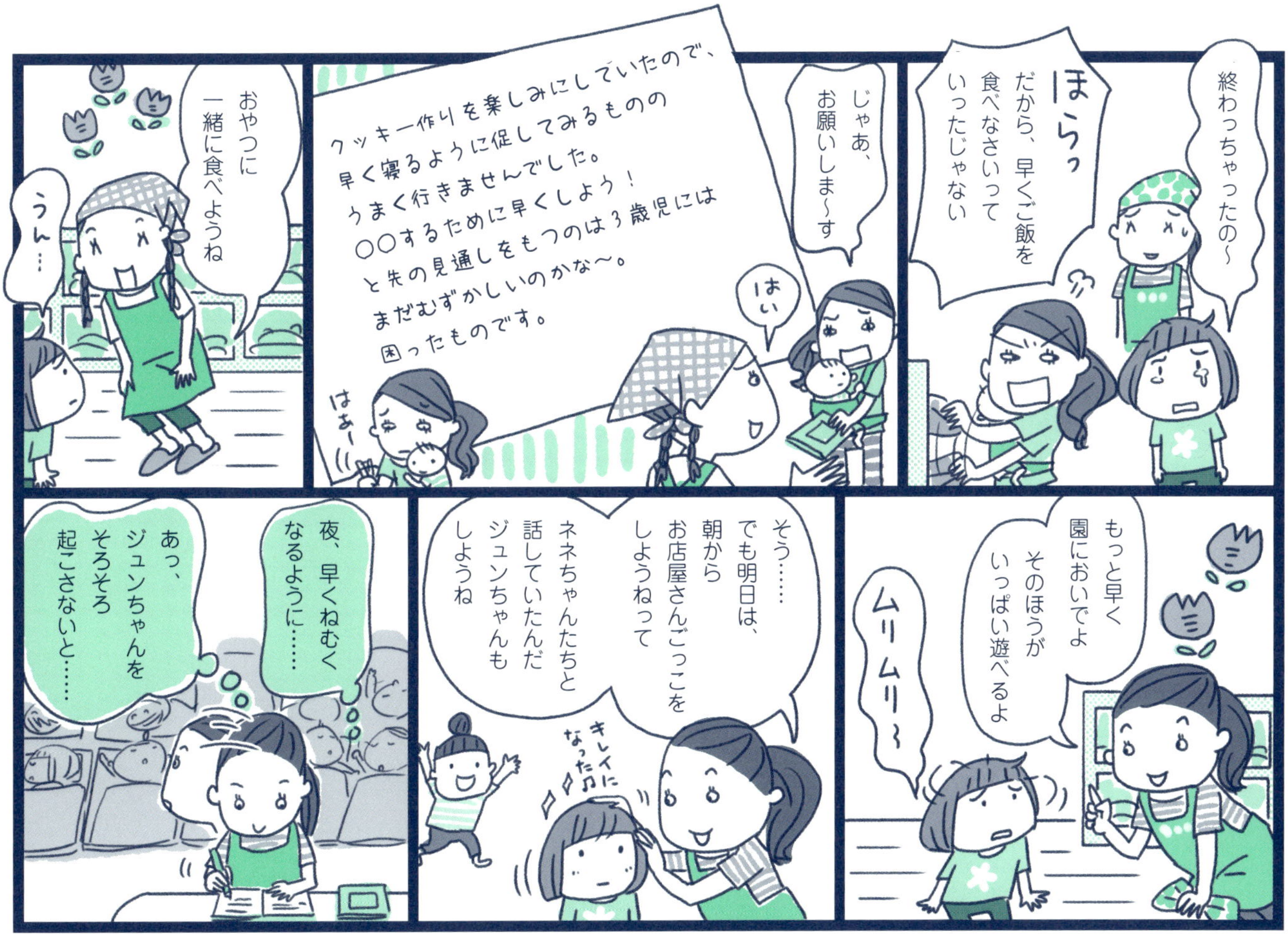
終わっちゃったの～
ほらっ
だから、早くご飯を食べなさいっていったじゃない
じゃあ、お願いしま～す
はい
はぁ～
クッキー作りを楽しみにしていたので、
早く寝るように促してみるものの
うまく行きませんでした。
〇〇するために早くしよう！
と先の見通しをもつのは3歳児には
まだむずかしいのかな～。
困ったものです。
おやつに一緒に食べようね
うん…
もっと早く園においでよ そのほうがいっぱい遊べるよ
ムリムリ～
そう…… でも明日は、朝からお店屋さんごっこをしようねって
ネネちゃんたちと話していたんだ ジュンちゃんもしようね
キレイになった♫
夜、早くねむくなるように……
あっ、ジュンちゃんをそろそろ起こさないと……

園から

ジュンちゃんも、クッキー作りを楽しみにしていたみたいなのですが、夜寝るのが遅いとどうしても朝はエンジンがかかるのに時間がかかってしまいますよね。

こちらからも「もう少し早く来たら？」と話してみたのですが、「ムリー」と言っていました。

そこで今日は、午睡から少し早く起こしてみたので、夜も早めに眠くなると思います。お母さんも下のお子さんのお世話で大変な時期かと思いますが、早寝・早起きの流れができると朝の支度もちょっと楽になると思いますので、今日から少しずつ早めに寝られるといいですね。

マーマー
明日は早く
起こしてー

CASE 16　どう伝えたらいい？　朝食を食べさせて！

ある日のエピソード……

午前中は機嫌が悪く、活発に遊ばないムツキくん。昼食時間は食欲旺盛なので、もしかしたら朝食を食べさせていないのかもしれません。お迎え時に「朝食はどれくらい食べています？」と聞いてみると、案の定……。

保護者から

朝食は、食べさせようとしても、グズグズと泣いているうちに出勤時間が迫ってしまって、おしまい……というのが最近の状況です。
まだ夜泣きをするので、おっぱいをあげないと寝てくれず、朝はおなかがすいていないのかもしれません。今朝も朝から機嫌が悪くてちゃわんをひっくりかえしたので、怒ってしまい、また大泣き。
結局、一口しか食べていません。

園から

忙しい朝に機嫌が悪いとお母さんも大変ですね。
朝食を食べるリズムが身につくまで一緒に考えていきましょう。
さっそくなのですが、思い切って夜のおっぱいはやめて、白湯をあげてみるという作戦はどうでしょうか。案外、のどが潤ったら落ち着いて寝てくれるかもしれません。園でも「今日の朝ごはんは何だったかな？」と話題にしながら、朝食の大切さが伝わるように工夫していきます。

接し方のヒント

保護者の大変さを想像してみよう！園で協力できることは？

決まった時間に起きられない、朝食を与えない、ツメを切ってあげられない……。なんだか「それはご家庭で」と言いたくなるところですが、ちょっと待ってください！　昨今の親子のおかれている厳しい状況を想像すれば、まずは保護者の大変さを受け止めることが、子どもにとってもよい結果へとつながることではないでしょうか。

そもそもプロの支援は、自分とは違う〝悩みを抱えている人〟を具体的にイメージしてみることが第一歩です。その上で、園と保護者がムリのない範囲で、お互いに協力し合える具体的な方法を提案できるといいですね。

今後の見通しを伝えるのがプロの技

「こういうふうにやってみよう」という提案も、育児に疲れ果てている方にとっては、「うるさいこと」「耳を塞ぎたくなること」になってしまって、心を閉ざしてしまうこともあります。

保護者が率直に今の状況や、自分の気持ちを表現してくれるだけで、一歩前進と考えてみてください。初めのうちは、ただ保護者の思いを受け止めるだけで充分なこともありますので、そこは保護者の様子を見ながら塩梅《あんばい》をつかむことが重要です。

「お母さんのおかげで」子どもがこんなにイキイキ

少しでも生活習慣が好転のきざしを見せたときは、それによって子どもがどれだけイキイキとした姿を見せているのかを保護者に具体的に伝えることもポイントです。例えば前のページのマンガの例で言えば、

園から

お母さんががんばって、いつもより早めに登園させてくださったおかげで、今日は、ネネちゃんたちと相談しながら、お店やさんの開店準備からたっぷりと楽しむことができました。

正論で一刀両断していませんか？

読み・書き・習いごと

CASE 17 早く・賢く育てたい保護者の思い

保護者の気持ちも子どもの実態も……

「お友だちがやっているから」と子どもの希望で始めたとしても、いつしか保護者の希望のほうが大きくなって、過度な習いごとに子どもはヘトヘト……。などということもあり、悩ましいのが習い事。あまりにエスカレートして、園生活までままならなくなっている姿を見ると、心が痛みますね。基本は、「早く・賢く」と願う保護者の希望と、子どもの気持ちや実態の両面に共感を示しつつ、選択肢を示していくことです。

保護者から

週末は就学準備で忙しく過ごしていました。今まで遊んでばかりいたツケでしょうか。文字の読み書きはスラスラできるのですが、たし算がまだできないので、ソロバン教室も通うことにしました。新しい習い事を始めたせいか、今朝は疲れているようでしたので、園でゆっくり過ごせるような配慮をお願いします。

CASE 18 そろそろ文字を教えたほうがいい？

ある日のエピソード……

文字に興味をもちはじめた3歳児のママからの相談です。早期教育を否定する子育て雑誌などからの情報と、「早く書かせたい」という親心に揺れています。

保護者から

子どもが絵本を見ながら文字らしきものを書いていたので、そっと見ていたら、形は違うのですが、「あ」などのむずかしい文字も書こうとしていました！「早く教えすぎてはよくない」ということも聞きますが、書きたそうにしているのだから、そろそろ書道でも習わせたほうがよいでしょうか？

園から

ちょっとお姉さんになったような得意そうな表情のさっちゃんを思い浮かべながら、連絡帳を拝見しました。
文字・数の習得は、本人に興味がないときに無理やり教えようとすると、本人にもママ・パパにもストレスになることがあるようですが、楽しみながらできるのであれば、悪いことではないような気がします。しかし、やってみて嫌がる様子があったら、興味がわくまでもう少し待つということでもよいかと思います。

接し方のヒント

答えに迷ったら基本の3ステップ

習いごとよりも子どもが主体的に友だちとかかわりながら遊んでいくことが、小学校やその後の生活の充実につながっていくことは、保育者なら当然ご存知のこと。ですが、卒園間際にその正論を保護者に言っても、もう手遅れかもしれません。

この段階では、

①保護者が入学を目前にして焦ってしまう気持ちに共感を示しつつ、
②習いごとのせいで園でもぐったりしている現状
③入学後への見通しをお伝えする――。

という基本の3ステップがベターではないでしょうか。

「やらせたい！」思いに複数の選択肢

習いごとの相談を受けたときも、親の自己決定をサポートするために、複数の選択肢を示すことが原則です。例えば、「もし、その子が楽しめるなら」ということを基本に、「イヤイヤやっている様子であれば、今はその時期ではないかもしれませんね」といった程度でしょうか。「文字については、4歳をすぎたころからしぜんと興味が出てきますよ」という答え方もあります。

「やらせたい！」という保護者の思いまで「違います！」と言い切ってしまっては、良好な関係はのぞめません。これもやはり原則は、子どもの現状と見通しを伝えつつ、さまざまな選択肢を示して保護者の自己決定を促すことが大切です。

遊びの大切さはコツコツと伝える

園では、子ども同士で遊んだり生活したりするなかで、充分に文字や数にふれているということを、就学前に突然ではなく、小さなころからコツコツと伝えていけるといいですね。例えば、遊園地ごっこのチケット作りを通して、自発的に「書きたい」と思うなかで文字を書く経験をしているということなど……。2017年の学習指導要領改訂を受けて、小学校でもこうした自発的な遊びや生活をベースとした指導へと変わろうとしています。ですから、就学前は「お勉強が楽しみだな」と思える関心や意欲を育てているし、小学校もそれを受けて、ていねいに指導してくださっていることを伝えていくと、保護者も少し安心すると思います。

就学前の親子の緊張

課題よりできていることを

CASE 19 発達に気がかりがあると……なおさら

安心のカギは見通し

就学を前にしたときの不安の多くは、新しい環境に見通しをもてないことが原因だと言われています。ですから、小学校を訪問して「楽しかった」と思える経験ができると、子どもの不安はやわらいでいくはずです。

そして保護者には、子どもが小学校で楽しく過ごせたことを、いろいろな角度から伝えていくことが安心材料になります。

不安が強い保護者には、事前に園での様子を見てもらい、その子なりに育ったところをたくさんお伝えできるといいですね。その際に、集団のなかで過ごすときに園で工夫していることなども伝えておくと、保護者が自分で、小学校に我が子の様子を伝えるときにも役立ちます。

CASE 20 自分で通学できるかしら？

ある日のエピソード……

もうすぐ卒園なのに、朝の保護者とのお別れで泣いてしまう日々が続くミカちゃん。年子の妹はすぐにお友だちと遊び始めるのに……。小学校まで自分で歩いて通学できるのか、お母さんの心配は募るばかりです。

接し方のヒント

小学校訪問の様子を発信！

小学校訪問のときなどに、うれしそうに活動する子どもたちを写真に撮って、そのときのエピソードとともに積極的に保護者に情報発信していくことも大切です。

「うちの子、困ったことがあったときにちゃんと言えるかしら？」と心配する保護者にとっては、小学校の先生の人となりも気になるところです。日ごろの小学校の先生との会話もおたよりや掲示の中で紹介して、身近な存在として印象づけておくこともポイント。

また、小学校は「勉強をするところ」というイメージが強い保護者もまだまだ多く、親心から「早く、読み書き・計算ができるようにしたほうが、あとで困らなくてすむ」と考える人もいます。交流活動の姿を通して、園での活動が小学校でのどんな姿につながるのかを具体的に伝えられるといいですね。

接し方のヒント

保護者の状況にも思いを寄せて 配慮の言葉を忘れない

卒園間近の保育者の忙しさは目がまわるほど。園から保護者へのお願いごとも増える季節です。でも、ご家庭とのおつき合いも長くなり、お互いに甘えが出やすいころが要注意！ 保護者だって卒園・入学準備に加え、新たな生活に向けて、忙しい時期かもしれませんから、頼みごとをするにしても配慮の言葉を忘れないようにしたいものです。また、業務の多忙さが極まっていたとしても、保護者の就学への不安に、ていねいに耳を傾ける時間を第一にしてください。

園から小学校へ送付する要録の写しについては、保護者の同意は不要です。しかし、「勝手に伝えた」という印象を避けるためには、あらかじめこういう制度があることを知らせておく手厚さも必要かもしれません。

接し方のヒント

課題を挙げるのは逆効果 園生活の充実ぶりをアピール

子どもたちの就学への不適応が、いまだに大きな問題になっています。その原因を探ってみると、「あれはできるの？」「そんなことでは小学校に行けないよ！」と子どもにプレッシャーをかけたり、習いごとを始めるなど、保護者の不安感からくる行動が就学への段差をさらに大きくしていることが考えられます。

ですから、保育者ができることは子どもたちが園生活を通してどれだけ成長したかを保護者にお伝えすること。「入学までにこれをしなければならない」と、足りないところを挙げるのは逆効果です。この時期はクラスの一体感を大切に保育していると思いますが、「みんなでやり遂げた」という達成感や、今の園生活を充実することがスムースな接続につながっていくということを、伝えられるといいですね。

対応せずとも まずは受け止めてみる

苦情・要望の多い保護者に

CASE 21 あれもこれも心配

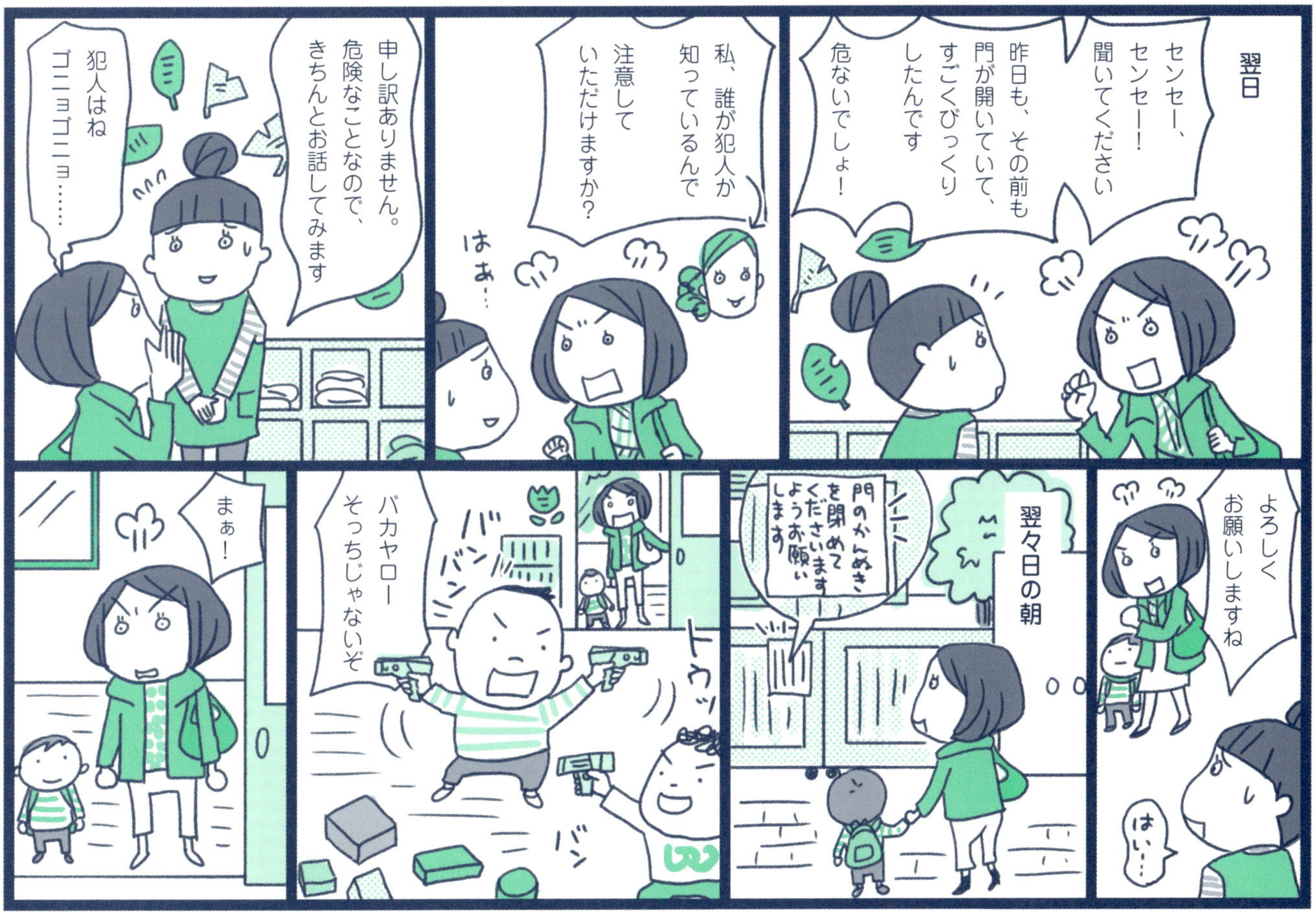

保護者から

登園時、アンズ組の男の子が「バカ」とか「ウルセー」と、すごく乱暴な言葉で遊んでいたことに、とても驚きました。それに対して、先生が何も注意されなかったことにもびっくりです。よく見ると、先日ヒロヤのおもちゃを横取りしていった男の子が中心になっていましたが、こうした乱暴なお子さんがいると、うちの子も汚い言葉を使うようになりそうで心配です。危機管理の面からも指導の徹底をお願いいたします。

CASE 22 無理は承知で要求

ある日のエピソード……

未満児クラスでは時間的にも人員的にも、対応がむずかしい昼食後の歯みがきをたびたび要求する保護者がいます。無理は承知で何度も要望してくる保護者への返答はどうしたらいいのでしょうか。

保護者から

先日もお願いしましたが、昼食後の仕上げみがきをしていただけませんか。乳歯もはえそろい、虫歯がとても心配です。

園から

親としては当然、お子さんの虫歯はご心配のことと思います。しかし、本園の1・2歳児クラスでは、個別に仕上げみがきの対応はむずかしいので、食後にお茶を飲ませることを徹底するようにしています。園医さんによると、小さなうちはお茶だけでもだいぶ効果があるということなので、ご理解いただけませんでしょうか。もしも、個別のご事情がありましたら、遠慮なくお知らせください。

接し方のヒント

“言ったもん勝ち”をつくらない

「○○ちゃんだけ特別に」をくり返していると、要求が広範囲にエスカレートします。特別な対応が必要な理由をきちんと聞くこともクラス運営には必須です。保護者の気持ちとしては、とても心配なことなのですから園に無理がないのだとしたら受け止めてあげたいところですが、必ずしも実現できるとは限りません。たくさんの子どもを見ているので対応が困難であることをていねいに説明し、納得してもらうプロセスが大事です。ここを省略して、「○○ちゃんだけ特別に」ということをくり返していくと、言ったもん勝ちの要求ばかりが広範囲に広がって、ほかの保護者からの信頼も失いかねません。

要望・クレームと捉えずに「心配」をキャッチ！

要望の多い保護者＝「モンスター」「面倒な人」と見ていると、子育ての心配ごとにも気づけない保育者になってしまう可能性があるので要注意です。

要求が多いということは、それだけ我が子がかわいくて、心配が強いということ。だからこそ、乱暴もののお友だちがまわりにいることはとても親としては嫌なことなのでしょう。

こちら側の気持ちとしては、

✕ **様々なお友だちとかかわってこそ、しなやかに人とかかわる力を身につけていくものです**

✕ **歯ブラシもまだ持てない1歳児全員に食後の歯みがきなんて！ お母さん、あなた、できますか？**

なんてことを言いたくなっても不思議はありません。でもそこで、そんな正論を言ってみたところで解決はのぞめません。

まずは、どんなことが心配なのか、嫌なのかを、ていねいに聞くことが先決です。ただし、「聞く＝即対応」ということではなくて、

○ **こんなふうに見守っているつもりでしたが、嫌な思いをさせてしまいましたね。ご心配な部分を注意して見ていきますね**

という返答の仕方もあると思います。

要望の多い保護者に「それは心配ですよね」と共感から入ることで、こちら側の言い分にも耳を傾けてもらいやすくなります。

もしかして、虐待?

責めるより つらさへの共感で救える命も

CASE 23 保護者イライラ 子どもも大荒れ

つらさへの共感＋してはいけないことの明確化

いつもイライラしていて、感情的になることが多い保護者とかかわるときに心がけたいことは、〝責められている〟という感覚をもたせないようにすることです。一番苦しいのは親子ですから、共感の言葉は必須。ですが、ダメなことをうやむやにしてはいけません。

わが子をどなりつけ、手をあげる保護者もまた問題を抱え、苦しんでいる一人です。ひとたび〝責められている〟という感覚をもてば、心を閉ざし、相談をもちかけようという気持ちにはなれません。ここでもやはり、保護者に少しでも「この先生にならなら相談してもいいかも」と思ってもらえることを、ファーストステップにしてみてください。

気がついたそのとき、どうする？

これって虐待？　そんな状況に直面したとき、対応の基本は園全体でかかわること。でも、感情的になっている保護者に何を言っても通じませんから、その場はクールダウンも必要です。深刻な虐待が疑われる場合は長期間の見守りも必要です。ここでは、具体的な3つの場面で考えてみましょう。

シーン 1

門に置き去り！

登園時、泣く子を園の門の前で車からおろし、靴を投げつけて去って行ってしまった

接し方のヒント

園長先生から声をかけてもらう

忙しい朝にイライラして、保護者が感情的になってしまったのかもしれませんね。その場にいて、まずできることは子どもを抱きかかえて、落ち着けるようにすることだと思います。そして、おむかえのときにでも、園長先生から「今朝はどうしましたか？」と保護者に声をかけてもらうことがベターではないでしょうか。

「虐待!?」と感じたときは、まずメモと情報共有を

保育者にとって一番大切なことは、虐待を感じ取る目をもつことです。「ん？　何かおかしい」と思ったら、まずは一緒に担当している先生と情報を共有してください。そして気になったことを、「いつ」「だれが」「どこで」「どうした」の法則でメモします。

虐待対応の基本は〝疑わしきは報告〟し、様々な人が連携して見守ることです。子どもにとって一番身近な担当保育者のメモが、その後の報告や連携においてもとても役立ちます。

保護者とのかかわりは園長先生を中心に、時間をかけてフェイスtoフェイスのていねいなコミュニケーションを重ねていくことが大切です。

シーン 2

しつけですから！

なかなか靴を履かないでいた3歳児を、
平手で叩いている母親に
「お母さん！」と声をかけたら
「しつけですから」とにらまれて……

接し方のヒント

保護者に対して心配そうな視線を向ける効果も

保護者によっては子どもを叩くのはしつけの一環だと思っている人もいます。こういう方には時間をかけて、「叩くのはいけないこと」ということを伝えていく必要があります。
感情的になっている保護者に、その場で何を言っても通じませんから、基本は「どうしましたか？」と心配そうな視線を向けることです。

シーン 3

ネグレクト？

朝の受け入れはいつも
オムツがおしっこでダクダク状態
子どもが泣いても、
見向きもせずに行ってしまう

接し方のヒント

責める雰囲気をつくらず

「○○ちゃん、ママのこと大好きみたいですね」などと、子どもが母親を求めていることを伝えていくとよいかもしれません。

子育てが楽になる提案を意識して

前のページのマンガのように、保護者のほうから悩みを打ち明けてくれている場合は、一緒にスモールステップで目標設定していくことが大切です。例えば、次のような伝え方はどうでしょう。

カンちゃんはママのことが大好きなので、家でたくさん怒られると、かえって逆効果のようで、園で荒れてしまうことがあります。

まずは、感情的に怒るのをちょっと我慢してみるという目標を立ててみませんか。どうしても怒りたい気持ちになってしまったら、つらい気持ちを園にお話に来てください。

その後もこまめに「順調ですか？」と声をかけてあげてください。保護者にとって子育てが楽になるような提案を意識すると、受け入れてもらいやすいと思います。

おわりに――

「わかってくれる誰か」になること

テレビの子育て番組で、「子どもがイヤイヤ期で手に負えないとき、しばらく放っておいてもよいものでしょうか？」という視聴者からの質問がありました。私はそれに対して、「そういうこともありますよね」と回答しました。

すると、司会者だったくわばたりえさんが私に、「うちの場合、私がカッとなってしまって、しばらく無視したままでした。先生、これではダメでしょ？」と私に問いかけてきました。彼女も子育てがつらかった時期だったようです。私はそれに対して、「そういうことだってあります」と回答しました。すると、彼女は涙をポロリと流して、「わかってもらえてうれしかった」と言ってくれたのです。「でもね、そのあと、子どもがかわいそうになって、ギュッと抱きしめたの」と。「それなら、なおよかったではないですか。お子さんはとっても安心したと思いますよ」と話しました。

そんなやりとりを、彼女はとても喜んでくれていました。その日は、くわばたさんの涙を見た多くの視聴者から、「救われた」といったたくさんのコメントが、彼女のブログに寄せられたのです。

先生に相談してよかった！

もっとみなさんの身近なことで言えば、こんなケースもあります。あるお母さんから聞いた話です。3歳児で入園したわが子が、もうすぐ夏になるというのに、入園してからずっと、お友だちの名前すら出てこないことに心配して、勇気を出して担任の保育者に相談したそうです。

すると保育者は、「心配になるのも当然ですよね」と言って、園でのその子の様子を話し始めました。「たしかに○○ちゃんは、今はまだ毎日一人遊びです。でもそれは、お友だちに興味があるけれど、まだ様子をうかがっているというような段階です。だからよく、△△ちゃんのそばで、いつも同じ遊びをしているんですよ」と。

そして、「私が声をかけて、二人をつなげることもできるのですが、そのうち子ども同士でつながっていくだろうなということを見通して、あえて見守っているところです」と話してくれたことに、「この先生に相談してみてよかった」と感じたと話してくれました。子どもが自分から友だちをつくっていくプロセスを見通して、先まわりしてかかわるのではなく、見守る姿に「親だったら、とてもこうはいかない。さすがプロ」だと感じたのだそうです。

心の扉が開いた連絡ノート

もう少し……対応に頭を悩ますケースもあります。3歳児クラスに転園してきたカナちゃんは、園で気になる姿がたくさんありました。担任の先生はそのことで、お母さんと話がしたいと思っていたのですが、送り迎えはおばあちゃんで、顔を合わせることもかなわずにいました。

3歳児以上は個別の連絡帳がないうえに、カナちゃんのお母さんとは顔を合わせる機会もほとんどありません。そこで、担任の先生は小さな連絡ノートを作り、毎日カナちゃんの様子を伝えることにしました。

初めはほとんど返信がなかったのですが、少しずつでも毎日、カナちゃんの様子を伝えていくうちに、お母さんも自分の思いを書いてくれるようになったのです。その内容は、ほとんど子育ての愚痴のようなものだったそう……。それでも担任の先生は、本当の気持ちを打ち明けてくれることがうれしかったのだと言います。そして、「お母さんもがんばっていますね」と励ましながら、カナちゃんの様子を伝え続けていきました。

そんなある日、「先生に相談したいことがあります」とお母さんが、園に顔を出してくれたのです。主任と一緒に話を聞くと、離婚をして始めた仕事の重圧や、おばあちゃんとうまくいかずに、ついカナちゃんに厳しく接してしまうことなど、とりとめもなく悩みを話し続け、最後は「話を聞いてくださって、楽になりました」と言って帰っていきました。そしてこの日を境に、お母さんは園に顔を出してくれるようになり、カナちゃんも見違えるほど落ち着いていったのでした。

これらのエピソードのなかには、保護者支援の「10の原則」のなかのたくさんの要素が混じっています。信頼づくり、子ども理解、受容と共感、発信方法の工夫など……。ここまで読んでくださったみなさんは、もう心のなかにしみ込んでいることと思います。

保護者の元気のモトは保育者の笑顔です

乳幼児を育てている母親が機嫌よく過ごせることが、子どもの育ちに良好な影響を与えるという研究があります。親は周囲から「正しい」親であることが求められがちです。でも、それより大切なのは、親自身がハッピーであること。そう考えると、この本のなかでずっと述べてきた保護者が元気になるような言葉かけは、子どもの成長にもプラスの影響をもたらすのです。

そうは言っても、保育の仕事をしていると、保護者の言動にイライラすることもあるでしょう。毎日がんばって子どもと向き合っていたら、そうなるのも当然です。だから、無理をする必要はありません。イライラが続いたら、保育者にも休養が必要です。愚痴を言う場も必要です。そうしたリフレッシュの時間をつくってください。あなた自身が元気で機嫌よくいられることが、子どもにも保護者にも笑顔を向けられる、明日の保育と保護者支援につながるのですから。

著者

大豆生田 啓友（おおまめうだ　ひろとも）

玉川大学教育学部教授。専門は乳幼児教育学・子育て支援。青山学院大学大学院文学研究科修了後、幼稚園教諭を経て大学教授に。子どもと保育実践研究会・子どもと保育総合研究所研究員、日本保育学会副会長のほか、テレビ・ラジオのコメンテーターや講演活動など幅広く活躍中。3児の父。

取材協力 Special Thanks

社会福祉法人　ベテスダ奉仕女母の家
茂呂塾保育園
副園長　髙梨美紀　先生

STAFF

イラスト　すぎやまえみこ
本文デザイン　ohmae-d
カバーデザイン　しまりすデザインセンター
編集　小林佳美

ちょっとした言葉かけで変わる
保護者支援の新ルール
10の原則

2017年8月1日　初版発行©
2023年7月25日　第9刷発行
著者　大豆生田 啓友
発行人　竹井 亮
発行・発売　株式会社メイト
〒114-0023
東京都北区滝野川7-46-1
明治滝野川ビル7・8F
電話　03-5974-1700（代）
製版所　株式会社光進プロセス
印刷所　長野印刷商工株式会社